Relaxer les enfants à l'école maternelle

MICHÈLE GUILLAUD

PS • MS • GS

RETZ
www.editions-retz.com
9 bis, rue Abel Hovelacque
75013 Paris

FSC
www.fsc.org
MIXTE
Papier issu
de sources
responsables
FSC® C022030

ISBN : 978-2-7256-2366-5

Sommaire

Introduction

La relaxation à l'école

Le monde dans lequel nous vivons aujourd'hui ressemble parfois étrangement à un tourbillon incessant générant une course effrénée contre la montre. Emplois du temps surchargés, responsabilités nombreuses, sollicitations multiples : les parents entraînent souvent leurs enfants dans un rythme endiablé où les pauses n'existent pas ou peu. L'espace de l'école n'est pas préservé de ce stress envahissant. Effectifs trop nombreux, enfants agités, enseignants fatigués : les circonstances ne favorisent pas toujours un enseignement dans les meilleures conditions. Par ailleurs, la rupture des enfants avec leur milieu quotidien est souvent vécue douloureusement, voire comme un traumatisme, ce qui accentue les tensions.

L'école maternelle a une responsabilité à cet égard : celle d'accompagner les ruptures et d'organiser les continuités. En effet, lorsqu'il arrive à l'école maternelle, l'enfant a souvent été le sujet privilégié d'attentions centrées sur sa personne. Il s'affronte maintenant à un monde nouveau dans lequel d'autres enfants réclament les mêmes soins, un monde dans lequel les adultes sont tout à la fois attentifs à ses attitudes ou ses actions et distants face aux exigences qu'il manifeste. Il s'agit, dans tous les cas, et tout au long de la scolarité maternelle, d'assurer un accompagnement de l'enfant qui respecte son identité, son rythme, ses besoins en lui donnant les conditions d'une scolarité heureuse et réussie. Il appartient donc à l'école maternelle de trouver et de susciter des moyens propres à réguler les tensions inhérentes à l'apprentissage de la vie collective tout en favorisant l'épanouissement et l'élargissement du champ d'expériences des enfants qui lui sont confiés.

Le cadre de cette première scolarisation peut d'ores et déjà permettre d'apprendre à canaliser tensions, nervosité et hyperactivité des enfants. On constate en effet que, à 4 ans, nombreux sont les enfants qui ont encore besoin de faire la sieste ; mais, faute de locaux, ce temps de repos est souvent impossible à mettre en œuvre dans de nombreuses écoles. Un certain nombre de **techniques favorisant la détente et la relaxation** peuvent cependant être facilement apprises et appliquées dans le cadre des classes, en maternelle.

C'est ce que nous nous proposons de montrer dans cet ouvrage.

S'ils ne remplacent pas le sommeil, les différents exercices proposés ici permettront aux enseignants et aux enfants d'atténuer toute tension nerveuse et musculaire, et favoriseront une meilleure récupération et une attention plus soutenue. Certes, le fait de ménager des moments de détente ne changera rien au sureffectif des enfants dans les classes ou aux conditions matérielles souvent difficiles rencontrées par les enseignants. Mais la relaxation a l'inestimable mérite d'éviter les tensions et le stress inutiles et, ce faisant, de permettre aux uns et aux autres de s'adapter aux difficultés rencontrées. Aux élèves manquant de concentration comme aux enseignants manquant de ressources, cet ouvrage apporte des solutions par un travail de relaxation suivi.

Bien plus, il contribue pleinement au développement de l'enfant. De fait, parmi les cinq domaines que les Instructions officielles de 2008 définissent comme essentiels, se trouvent les apprentissages centrés sur le fait d'« **agir et [de] s'exprimer avec son corps** ». Au-delà de la détente et du repos, ces exercices participent aussi au développement des activités motrices, présentées comme un « support important de construction des apprentissages ».

Variées et originales, les différentes séances ici présentées permettront d'apprendre aux enfants :

– à passer d'une connaissance intuitive à une **prise de conscience de leur schéma corporel** ;

– à **contrôler leurs gestes et leurs émotions**, à fixer leur attention et à se concentrer sur une activité donnée ;

– à imiter différents éléments de leur entourage (qu'il s'agisse par exemple d'une poupée en chiffon ou d'un sapin) et, en jouant des rôles différents, à **explorer différentes manières de mobiliser leur corps** ;

– à s'adapter à de nouvelles situations, à **développer leurs capacités de vivre avec les autres** (comment respecter les contraintes imposées par autrui ? Comment agir de concert avec d'autres ?, etc.) ;

– à **mettre des mots sur ce qu'ils vivent, ressentent et font** ; outre l'apprentissage du vocabulaire du corps, les enfants seront en effet amenés à s'exprimer sur leurs actions et leurs sensations.

Organisation de l'ouvrage et consignes

Les exercices sont liés aux thèmes abordés généralement en maternelle (Noël, le carnaval, le printemps, etc.) et se répartissent thématiquement entre les différents mois de l'année. La progression se fait également, mois après mois, en terme de difficulté : les séances demandent ainsi de plus en plus de temps, d'attention et de concentration ; elles visent à prolonger les moments de détente et à faire acquérir des compétences de plus en plus complexes aux enfants. Si le livre suit donc une organisation thématique et sous-tend une progression, cet agencement n'est pas à respecter de manière impérative : les exercices peuvent se pratiquer dans le désordre, être faits séparément ou les uns à la suite des autres. Libre au lecteur, bien sûr, d'adapter les exercices, de leur trouver des variantes, d'en inventer d'autres : les possibilités sont infinies. Le seul principe à suivre est de trouver les techniques qui conviennent à sa manière de voir et de faire les choses, et qui s'intègrent harmonieusement à sa pratique de la classe.

• • Objectifs

Orientés vers la détente et le retour au calme, ces exercices de relaxation facilitent également les différents apprentissages propres à l'école maternelle et en font même partie intégrante. Si l'on s'adresse ici en priorité aux enfants, l'enseignant n'est pas pour autant oublié : il participe pleinement aux séances et en ressent lui aussi les bienfaits.

• • Moment de la pratique

Les exercices sont à pratiquer en général en début d'après-midi (justement en remplacement de ce temps de sieste que les conditions matérielles ne permettent souvent pas), mais ils peuvent aussi être réalisés à tout moment de la journée, dès que l'on sent une baisse de tonus ou une fatigue se traduisant par un manque d'attention, de concentration, des gestes d'énervement ou des manifestations d'agressivité. Un seul impératif s'impose : les séances doivent être régulières ; **il faut les inclure dans l'emploi du temps**, au même titre que le graphisme, les mathématiques ou le français, si l'on veut qu'elles soient efficaces.

La durée des séances ira croissant tout au long de l'année. Les premiers exercices ne devront pas durer plus de 10 minutes. On pourra ensuite allonger le temps de la pratique sans avoir d'autre limite que la patience des enfants. L'intérêt et la concentration de ces derniers minuteront les séances : une séance trop longue, qui devient laborieuse, risque de produire des comportements contraires à ceux que l'on souhaite encourager. Dès le moindre signe d'énervement, il convient d'arrêter l'exercice en cours ou d'en essayer un autre.

En règle générale, **il est souhaitable de refaire l'exercice trois fois dans une même séance et de le reprendre chaque jour de la semaine**. On pensera à en donner le titre aux enfants afin qu'ils puissent se repérer. Il sera utile de recommencer les exercices qui, pratiqués précédemment, ont paru profitables. Lorsque les enfants maîtrisent bien une technique de relaxation, il ne faut pas hésiter à l'utiliser, au besoin en la raccourcissant et en la simplifiant, en dehors des moments spécifiques, lorsque les enfants se rassemblent, se déplacent, se mettent en rang, etc. Dire par exemple aux enfants « On fait l'arbre ! » pourra ainsi devenir un signal : ils doivent alors s'immobiliser instantanément, arrêter les bousculades et redevenir attentifs en appliquant, comme un automatisme, la technique utilisée lors de la séance.

• • Organisation

Les exercices proposés ici sont concrets, simples, faciles à mettre en œuvre et ne nécessitent pas de gros matériel. Adaptés au manque d'espace des écoles, ils peuvent tous se pratiquer en classe et n'imposent pas de déplacements vers des lieux aménagés. Assis sur des chaises ou sur des bancs, les enfants suivent simplement les indications de l'enseignant. Si un local est disponible, il serait cependant préférable de l'utiliser pour certaines séances : tout ce qui a trait au massage se pratiquera de préférence sur des tapis posés sur le sol ; tout ce qui appelle les enfants à bouger se déroulera plutôt en salle de jeux. Cependant, l'objectif est ici de démontrer que la **pratique de la relaxation est possible indépendamment de toute condition matérielle**, et qu'elle est, même avec des moyens simples, gratifiante et efficace.

Ces exercices ont tous été expérimentés en classe de moyenne section dans des conditions difficiles : avec 35 enfants, dans la classe, sans aucun espace pour s'allonger ou s'isoler. Ils ont cependant rencontré un succès incontestable et ont été profitables à tous points de vue.

Au bout de quelques mois, l'amélioration des comportements est sensible, et l'enseignant devient lui-même de plus en plus efficace. Même si, parfois, la pratique ne semble pas donner de résultats concrets, il convient de persévérer. Avec le temps, les résultats sont spectaculaires.

Septembre

Monsieur Pouce
Jeu de doigts

Objectifs :
– se calmer et se détendre par la concentration sur une partie du corps (ici, les doigts) ;
– apprendre à chuchoter.

Moment de la pratique : – pour commencer, cet exercice peut être fait de manière systématique en début d'après-midi, puis, plus tard, au début de n'importe quel moment de regroupement.

Organisation : – les enfants sont assis sur des chaises disposées en cercle.

Déroulement de la séance

• Se placer au milieu des élèves. Montrer sa main, tous doigts dépliés, et commencer à parler doucement en ménageant des temps de silence entre chaque phrase :

– *Monsieur Pouce a sommeil.*

– *Je le couche.*
Replier le pouce sur la paume de la main.

– *Je ferme la porte de la cuisine.*
Replier l'index.

– *Je ferme la porte de la salle à manger.*
Replier le majeur.

– Je ferme la porte de la salle de bains.
Replier l'annulaire.

– Je ferme la porte de la chambre.
Replier l'auriculaire.

> Si les enfants ont du mal à replier les doigts les uns après les autres, ils peuvent s'aider avec l'autre main.

Les deux phrases suivantes sont à dire en chuchotant et en regardant son poing fermé :

– Monsieur Pouce, es-tu là ?

– Chut ! Je dors !

• Après cette réplique, prendre le temps de laisser le silence s'installer… Augmenter le temps de silence et baisser le volume de la voix de plus en plus chaque jour. Reprendre ensuite la parole tout en chuchotant :

– Monsieur Pouce, es-tu là ?

• Laisser encore un temps de silence, puis parler de plus en plus fort tout en gardant une voix très douce :

– Hop ! je sors !
Déplier le pouce.

– Et je dis bonjour à tout le monde.

– Bonjour l'index !
Opposer le pouce et l'index.

– Bonjour le majeur !

Opposer le pouce et le majeur.

– Bonjour l'annulaire !

Opposer le pouce et l'annulaire.

– Bonjour le petit auriculaire !

Opposer le pouce et l'auriculaire.

> L'introduction des noms des doigts constitue un plus par rapport à la petite section.

Pour finir, secouer la main et décontracter les doigts.

La maison du sommeil
Jeu de mains

Objectif : – se calmer en se concentrant successivement sur différentes parties du corps.

Moment de la pratique : – au début de chaque moment de regroupement.

Organisation : – les enfants sont assis sur des chaises disposées en cercle.

Déroulement de la séance

• Se placer au milieu des élèves. Parler doucement et ménager des temps de silence entre les différents gestes à accomplir :

– Je fais le tour de ma maison.
Passer la main autour de son visage.

– Je ferme la porte de la cuisine.
Poser la main sur sa bouche.

– Je ferme la porte de la salle à manger.
Appuyer doucement la main sur son nez.

– Je ferme la porte de la salle de bains.
Passer la main sur un œil et le fermer.

– Je ferme la porte de la chambre.
Passer la main sur l'autre œil et le fermer.

• Dire ensuite en chuchotant :

– *Je dors.*

Poser ses mains l'une sur l'autre. Laisser reposer sa tête sur ses mains en mimant le sommeil.

Demander aux enfants de bien sentir que leur tête est lourde et de poser celle-ci sur les mains, comme s'ils dormaient.

L'enseignant ferme lui aussi les yeux et en profite pour se relaxer. En participant totalement au jeu, il montre aux enfants les gestes à faire tout en en retirant un profit personnel.

• Laisser s'installer durablement le silence. Cependant, dès le moindre petit signe d'agitation, continuer l'exercice sans attendre. Reprendre la parole en chuchotant :

– *Je dors.*

Demander aux élèves de garder la même position (la tête sur les mains) mais de tourner la tête de l'autre côté.

• Ne plus chuchoter mais continuer à parler d'une voix douce :

– *Je me réveille, je m'étire, je bâille.*

Étirer ses bras aussi loin que possible, d'abord ensemble, puis séparément. Bâiller fort, même bruyamment, afin d'éliminer toutes les tensions accumulées.

• Joindre ses mains devant soi et croiser les doigts (l'enseignant peut aider les enfants qui n'y arrivent pas). Sans décroiser les doigts, retourner les mains vers l'extérieur et tirer les bras le plus loin possible devant soi.

• Attendre quelques secondes, puis monter les bras au-dessus de sa tête, le plus loin possible en arrière. Attendre de nouveau quelques secondes, puis relâcher brusquement les bras vers l'avant.

Cet exercice s'arrête ici lors des premières séances.

• • Prolongement

L'enseignant pourra le compléter avec l'exercice qui suit, *Le réveille-matin*, en général au bout d'une semaine (un peu plus tard si les enfants ne se lassent pas, un peu plus tôt s'ils ne participent plus avec autant de conviction).

Le réveille-matin
Automassage

Objectifs :
– introduire en douceur le travail sur la respiration;
– initier les enfants à l'automassage de manière ludique.

Moment de la pratique : – après l'exercice précédent, *La maison du sommeil.*

Organisation : – les enfants sont assis sur des chaises disposées en cercle. Avant la séance, faire enlever les barrettes et les lunettes qui pourraient gêner. Si certains enfants refusent, ne pas insister. Ils les enlèveront d'eux-mêmes un peu plus tard.

Déroulement de la séance

Pendant toute la durée de la séance, l'enseignant parle et mime. Les enfants reproduisent ce qu'il fait en même temps.

• Prendre place au milieu des élèves et les encourager à imiter ses gestes.

– Je sens la bonne odeur du chocolat chaud que maman a préparé.
Respirer fort par le nez plusieurs fois.

– Le chocolat est trop chaud, il faut le refroidir.
Mettre ses mains en forme de bol et souffler longuement par la bouche.

– Je le bois.
Mimer l'action en aspirant avec bruit, puis souffler en ouvrant la bouche (en général, les enfants le font spontanément).

– Je vais dans la salle de bains.
Mimer la marche en faisant bouger ses doigts.

– Je me lave les cheveux.
Se masser la tête du bout des doigts.

– Je me lave le visage.
Mettre les paumes de ses mains sur ses yeux et diriger ses doigts vers le haut. Descendre ses deux mains en même temps jusqu'à ce que le bout des doigts atteigne la hauteur du menton.

– Je me lave le cou.
Les deux mains enserrent en alternance le cou et descendent jusqu'à la base de celui-ci de manière répétée.

– Je me lave le torse et le ventre.
Les deux mains effectuent des mouvements tournants sur la poitrine et sur le ventre.

– Je me lave les bras.
Étendre son bras gauche devant soi et diriger la paume de sa main vers le sol. Poser sa main droite sur son épaule gauche et la faire glisser doucement le long de son bras jusqu'au bout des doigts. Retourner son bras, diriger la paume de sa main vers le ciel et faire le même exercice. Répéter ces deux étapes avec le bras droit.

– Je me lave les jambes.
Déposer une main sur chaque cuisse. Descendre ses deux mains en même temps jusqu'aux chevilles.

• • Variantes

Cet exercice pourra être souvent repris au cours de l'année. Au fur et à mesure, l'enseignant affinera les gestes et emploiera un vocabulaire de plus en plus précis.

• On peut ainsi « se laver » les cuisses, les genoux, le menton, la nuque, les paupières, les tempes, etc. L'important est de bien faire identifier aux enfants les endroits du visage et du corps sur lesquels on veut qu'ils se concentrent.

• Après le « lavage », on pourra « se rincer ». L'enseignant continue de parler, de mimer et d'encourager les enfants à l'imiter :

– Je me rince sous la douche.
Lever les bras au-dessus de sa tête, souffler en entrouvrant sa bouche et en imitant le bruit de l'eau (*pschh*). Faire durer le souffle le plus longtemps possible tout en descendant ses mains le long de son corps et aller jusqu'aux pieds. Refaire ce « rinçage » trois fois de suite.

• Il faut ensuite « s'essuyer » :

– J'ai oublié ma serviette ! Je dois me secouer pour me sécher !

– Pour enlever les gouttes d'eau qui restent sur mon corps, je secoue :

• *les épaules ;*
Soulever les deux épaules ensemble, puis les laisser retomber. Refaire l'exercice plusieurs fois.

• *les bras ;*
Placer ses bras de chaque côté de son corps et les secouer en même temps.

• *les jambes;*
Lever une jambe et la secouer. Faire de même avec l'autre jambe.

• *les mains.*
Mettre ses mains devant soi et les secouer ensemble.

Monsieur Pouce, *La maison du sommeil* et *Le réveille-matin* sont liés. En mimant successivement le sommeil et le réveil tout en apprenant à chuchoter et en travaillant sur la respiration, les enfants mémorisent facilement cet enchaînement et peuvent le reproduire seuls lorsqu'ils en ressentent le besoin.

Ces trois premiers exercices pourront être repris tout au long de l'année. Ils préparent aux activités qui suivent.

Le ballon de baudruche
Prise de conscience de sa respiration

Objectif : – prendre conscience de sa respiration et apprendre à la maîtriser (donner à la respiration son maximum d'amplitude permet de libérer les tensions du ventre).

Moment de la pratique : – en début d'après-midi.

Organisation : – les enfants sont assis les uns à côté des autres sur des chaises ou sur des bancs. L'enseignant dispose d'un ou de deux ballons de baudruche sur lesquels on aura dessiné au préalable un visage et un buste.

Déroulement de la séance

Gonfler un ballon devant les enfants, puis le laisser se dégonfler. Observer. Commenter : l'air que l'on souffle par la bouche entre dans le ballon. Si on ferme ce dernier, l'air s'y installe et le ballon reste gonflé. Si on le laisse ouvert, l'air s'en échappe et le ballon se dégonfle.

• • 1er jeu

Mimer simplement l'action de gonfler, puis demander aux enfants de vous aider à gonfler le ballon. Pour cela, il faut souffler, d'abord par petits coups, puis en maintenant son souffle le plus longtemps possible.

• • 2e jeu

• S'imaginer que l'on devient soi-même un ballon. Observer le ballon dégonflé : il est tout mou, tout flasque. Demander aux enfants de prendre la posture du ballon dégonflé : la tête pendante, les bras ballants de chaque côté de la chaise, les épaules tombantes, les yeux tournés vers le bas.

> Au début, les enfants ont du mal à baisser le regard parce qu'ils veulent voir ce qui se passe autour d'eux, mais une fois qu'ils sont familiarisés avec l'exercice, ils y arrivent facilement.

Maintenir la position quelques minutes, puis revenir en position normale.

• Gonfler ensuite légèrement le ballon. Observer. Imiter : les enfants se redressent sur leur chaise, le dos appuyé contre le dossier ; leurs bras remontent jusqu'à ce que leurs mains arrivent environ à la hauteur de leurs cuisses.

• Gonfler de nouveau le ballon, mais cette fois à son maximum. Observer (il est tout rond). Imiter : les yeux s'agrandissent, les joues sont bien rebondies, la poitrine est gonflée à son maximum. Rester dans cette position quelques minutes tout en retenant sa respiration.

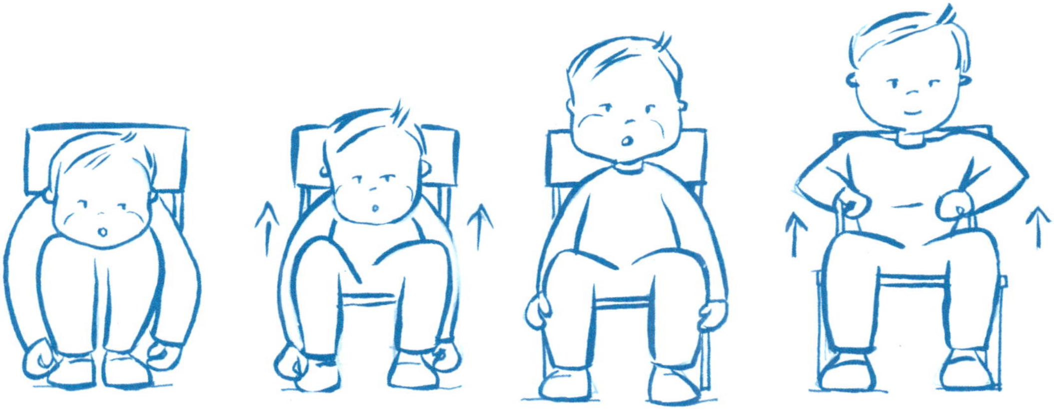

Laisser enfin le ballon se dégonfler d'un coup. Observer et imiter, c'est-à-dire revenir à sa position initiale.

• • Variante

On peut également être à la fois le ballon et le gonfleur.

• Commencer par mimer les différentes actions. Demander aux enfants de regarder une première fois avant de faire l'exercice.

> Attention, dans cet exercice, on gonfle la poitrine tout en expirant, ce qui est inhabituel. Il s'agit de faire sentir aux enfants que l'air peut descendre et remonter, et que l'on peut respirer par le ventre et par la poitrine. Lorsque l'on émet le son ***ch***, l'air doit remonter dans la poitrine. En d'autres termes, à chaque ***ch***, le ventre se creuse un peu plus tandis que la poitrine se gonfle.

Partir de la première position (le ballon dégonflé). Serrer les poings, plier légèrement les bras de façon à ce que les poings se retrouvent à la hauteur des hanches. Poings toujours serrés, émettre le son ***ch***, en entrouvrant la bouche, par petites saccades (à la cadence d'environ une expiration par seconde). Dans le même temps, pousser les poings vers le bas à chaque expiration (comme si on actionnait un gonfleur à main), et les replier un peu plus chaque fois. L'amplitude du geste de « pompage » des bras reste toujours la même. Par exemple, lorsqu'au départ, les poings sont à la hauteur des hanches, ils descendent jusqu'en bas, remontent progressivement jusqu'à hauteur de la taille, redescendent à la hauteur des hanches, remontent progressivement à hauteur de la poitrine, redescendent jusqu'à la taille et remontent.

À chaque montée des bras, le ventre se creuse, l'air remonte dans la poitrine, les épaules se haussent, le torse et les joues se gonflent, les bras se replient de plus en plus. À la fin, les poings arrivent à la hauteur de la poitrine.

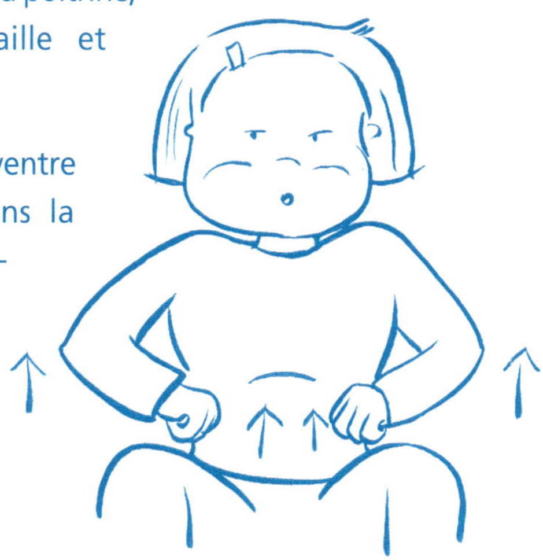

• À ce stade, bloquer sa respiration, retenir son souffle le plus longtemps possible. Ensuite, souffler par la bouche pour expirer tout l'air des poumons et affaisser tout son corps : d'abord la tête, puis les épaules, enfin le ventre. Les bras suivent le mouvement. En se gonflant ainsi, l'expiration atteint automatiquement et par réflexe, son amplitude maximum.

Refaire l'exercice trois fois.

Le « doudou »
Force apaisante de l'imagination

Objectifs :
- prendre conscience des gestes que l'on fait spontanément pour se détendre afin de pouvoir les répéter de manière volontaire;
- apprendre à se détacher de son « doudou ».

Moment de la pratique : – quand les enfants se retrouvent et se rassemblent pour le moment de relaxation. Également lorsqu'un enfant a du mal à se séparer de son objet fétiche.

Organisation : – demander aux enfants, les petits comme les grands, d'apporter leur « doudou » ou leur peluche fétiche pendant une semaine. On fera ensuite l'exercice sans le support de l'objet. Prévoir plusieurs grands sacs en tissu pour mettre les « doudous ».

Déroulement de la séance

Observer la manière dont les enfants tiennent leur objet fétiche. Noter les attitudes qu'ils prennent, les changements physiques, la position de leurs mains, leur respiration, etc.

• Demander aux enfants de se concentrer sur la manière dont ils tiennent leur « doudou »: sur vos indications, ils serrent leur « doudou » dans leurs mains pour mieux en ressentir la texture; ils resserrent leur pression en rapprochant leurs doigts; ils l'approchent de leur visage; ils le posent contre leur bouche, contre leur cou, contre leur poitrine.

Terminer par un « câlin », le « doudou » bien calé entre les bras. Cette étape conduit à l'apaisement et à l'apparition de nombreux sourires.

• Poser ensuite son « doudou » sur ses genoux. Imaginer qu'il est encore dans ses mains. Refaire les mêmes gestes, les mêmes mouvements que précédemment en essayant d'éprouver les mêmes sensations de douceur, d'apaisement.

Refaire cet exercice plusieurs fois.

• Quand les enfants semblent prêts, leur demander de laisser leur « doudou » à la maison et reprendre l'exercice.

• Commencer en demandant aux enfants de fermer les yeux et d'imaginer qu'ils ont leur « doudou » devant eux : il faut arriver à voir sa forme, sa couleur ; il faut arriver à croire qu'il est là, sur ses genoux ; il faut sentir son odeur, sa chaleur, sa texture.

Répéter les mêmes gestes que précédemment et insister sur les sensations que l'on doit rechercher.

Cet exercice permet de passer en douceur l'épreuve de la perte de son objet fétiche, et de trouver en soi la consolation et le sentiment de bien-être ou de sécurité qui s'y rattache.

Octobre

Le gorille
Crispation / Détente

Objectifs : – exagérer les tensions musculaires pour en prendre conscience et pouvoir les relâcher;
– travailler sur la respiration.

Moment de la pratique : – au moment rituel de la relaxation, en début d'après-midi. Cet exercice pourra ensuite être repris partiellement à n'importe quel moment de la journée.

Organisation : – les enfants sont assis par terre, sur des bancs ou sur des chaises. Cet exercice peut également être réalisé lorsque les enfants sont debout, qu'ils se mettent en rang, qu'ils rentrent de récréation, etc.

Déroulement de la séance

Pour toutes les séquences suivantes, régler la respiration comme suit: souffler tout en se crispant; maintenir la pression quelques secondes en respirant très faiblement, puis se détendre en inspirant le plus possible. Le but poursuivi ici est de produire à la fois une détente musculaire et une amplification de la respiration.

• Serrer les poings le plus fortement possible. Relâcher. Répéter trois fois.

• Crisper le visage, les yeux, les mâchoires et le front de manière très appuyée. Relâcher. Répéter trois fois.

• Hausser les épaules le plus haut possible. Relâcher. Répéter trois fois.

• Croiser les bras au maximum en attrapant l'omoplate droite avec le bras gauche et l'omoplate gauche avec le bras droit. Serrer de toutes ses forces. Relâcher. Répéter trois fois.

• Croiser les doigts derrière la nuque. Rapprocher les deux coudes le plus possible. Relâcher. Répéter trois fois.

• Croiser les jambes : mettre le pied droit bien à plat sur le sol, puis passer le genou gauche sur le genou droit. Avec la main droite, attraper la cheville gauche et la faire remonter le plus haut possible tout en poussant sur le genou gauche avec la main gauche. Relâcher. Répéter trois fois.

Faire le même exercice de l'autre côté.

Pour les séquences qui suivent, les mains sont posées à plat sur le corps, le bout des doigts se rejoignant au milieu des mains. On appuie avec le bout des doigts lorsque l'on souffle ; on relâche sa pression lorsque l'on inspire.

• Poser les mains sur le haut de la poitrine. Appuyer très fort. Relâcher. Répéter trois fois.

Répéter le même exercice en posant les mains sur le plexus solaire qu'est l'estomac.

• Poser le pied droit sur la chaise tout en restant assis. Avec les deux mains, attraper la jambe et rapprocher le genou le plus près possible de la poitrine. Serrer très fort. Baisser la tête comme pour embrasser son genou. Relâcher. Répéter trois fois.

Faire le même exercice de l'autre côté.

• Appuyer les paumes des mains l'une contre l'autre, en orientant les doigts vers le haut, puis pousser de toutes ses forces comme si chaque main cherchait à prouver à l'autre qu'elle est la plus forte. Relâcher. Répéter trois fois.

• Tout en gardant les paumes de ses mains l'une contre l'autre, croiser les doigts et serrer de toutes ses forces. Relâcher. Répéter trois fois.

• Enfin, serrer de manière simultanée toutes les parties du corps : visage, poings, épaules, etc. Garder la position le plus longtemps possible. Relâcher. Répéter trois fois.

Le fait d'amplifier les tensions permet, par réflexe, d'amplifier également la détente.

> Si l'on est pressé et en fonction du but recherché, on pourra rapidement pratiquer une seule séquence de l'exercice selon les besoins. Le passage des « mains l'une contre l'autre » pourra ainsi être utilisé avant ou après une activité graphique un peu longue, la crispation du visage pourra prendre place avant un chant, etc.

L'escargot
Isolement volontaire

Objectifs :
– s'entraîner à s'isoler au milieu d'un groupe ;
– apprendre à se concentrer.

Moment de la pratique : – à l'occasion d'un travail sur les escargots. En dehors des séances de relaxation, cet exercice peut être utilisé ponctuellement lorsque les enfants sont particulièrement excités.

Organisation : – les enfants sont assis en cercle par terre, sur des chaises ou sur des bancs. Au milieu du groupe, par terre ou sur une table, on placera des escargots.

Déroulement de la séance

• Demander aux enfants d'observer la tranquillité dont font preuve les escargots. Attirer leur attention sur la manière dont ils se déplacent, sur les moments où ils sortent de leur coquille, sur les raisons pour lesquelles ils rentrent dans celle-ci, sur les contacts qu'ils nouent entre eux, etc.

À partir de ces observations, poursuivre la discussion : quand on a peur, qu'on est fatigué, qu'on a besoin de s'isoler, avoir une coquille et pouvoir s'y retirer doit être bien agréable. Demander aux enfants de s'interroger sur le moyen que l'on aurait de le faire, même sans coquille.

Faire les séquences qui suivent de manière extrêmement lente, à un rythme… d'escargot.

• Mettre ses mains en coquille sur ses yeux pour ne plus voir pendant quelques secondes.

> Cette séquence, qui peut être répétée à tout moment, permet de reposer la vue et le mental de façon très rapide.

• Poser les mains en coquille sur ses oreilles de façon à ne plus rien entendre.

• S'enrouler sur soi-même : replier la tête, puis les épaules, puis le dos. Joindre ses deux avant-bras et poser ses mains sur le sommet de sa tête, un peu en arrière, de manière à pouvoir étirer la nuque, et descendre la tête un peu plus bas. Maintenir la position quelques minutes puis relâcher doucement les mains. Redresser ensuite le dos, puis le cou et enfin la tête.

•• Variante

Aller pratiquer en salle de gymnastique.

• Se mettre à genoux. Mettre ses mains sur sa nuque en croisant les doigts.

• Approcher lentement son front du sol.

• Attendre quelques minutes. Insister auprès des enfants pour qu'ils fassent le vide et qu'ils se concentrent sur leurs sensations.

• Mettre ses bras en arrière, en tournant les paumes de ses mains vers le ciel tout en gardant son front au sol.

• S'allonger sur le dos. Plier ses genoux. Attraper ses genoux dans ses mains et se rouler en boule en approchant le plus possible ses genoux de son visage.

Cet exercice contribue à étirer les vertèbres et à détendre les épaules.

Les marionnettes
Prise de conscience des sens

Objectifs :	– prendre conscience des cinq sens en en faisant abstraction; – apprendre à faire le tri dans ce que l'on voit, ce que l'on entend et ce que l'on sent; – aborder de façon ludique des notions spatiales comme « dessus / dessous », « derrière / devant », etc.
Moment de la pratique :	– pendant les moments de regroupement.
Organisation :	– les enfants sont assis par terre, sur des chaises ou sur des bancs.

Déroulement de la séance

• Commencer par chanter « Ainsi font les petites marionnettes » en agitant les mains. À « trois petits tours et puis s'en vont », cacher ses mains derrière son dos. S'arrêter, puis commencer à parler:

– *Toc, toc, toc.*

– *Qui est là ?*
Sortir une main.

Durant toute la première partie du jeu, l'autre main restera cachée derrière le dos.

• Continuer :

– Bonjour, c'est moi, Madame la main. Vous n'avez pas vu ma sœur ?

– Elle est peut-être sur ma tête ?
Placer la main sur sa tête.

– Elle est peut-être dans ma poche ?
Mettre la main dans sa poche.

– Elle est peut-être sur ma bouche.
Poser la main sur sa bouche.

– Elle est peut-être sous mon genou, sous la chaise, derrière ma nuque ?
Déplacer la main vers tous les endroits nommés.

– Elle est peut-être derrière mon dos ?
La maintenir assez longtemps derrière le dos afin de laisser les enfants se réjouir du dénouement qui s'annonce.

– Ça y est ! La voilà !
Les deux mains se rejoignent et se mettent à discuter :

– Bonjour ! Si on allait se promener ? Donne-moi le pouce !
Les deux pouces s'enroulent l'un à l'autre. Remuer alternativement les deux mains sans jamais briser le contact entre les pouces. On peut aussi chantonner pendant que les mains « se promènent ».

• S'exclamer ensuite :

– *Oh !*

Bâiller de manière très appuyée et arrêter le mouvement des mains. Expliquer :

– *Je suis fatiguée, si on allait se reposer ?*

– *On pourrait se reposer sur les oreilles.*

Poser ses mains en coquille sur chaque oreille.

• Laisser passer un peu de temps afin que les enfants s'habituent et arrivent à percevoir le silence ou les bruits assourdis. Puis, enlever une main et s'exclamer :

– *Je n'entendais plus rien ! À présent, je n'entends qu'à moitié !*

Garder la seconde main sur son oreille encore un peu, puis la retirer :

– *Ça y est, j'entends tout !*

Laisser un peu de temps afin que les enfants se rendent compte du contraste entre le silence qu'ils viennent de percevoir et les bruits de la classe, qui prennent alors une autre dimension. Attirer ensuite leur attention sur la différence qu'il y a entre les bruits proches et les bruits plus lointains.

• Les mains se rejoignent ensuite de nouveau par les pouces :

– *Si on retournait se promener ?*

Répéter le même jeu que précédemment, et faire les mêmes gestes.

• S'exclamer, lorsque l'on arrive à l'épisode des bâillements :

– *Oh ! Je suis fatiguée. Si on allait se reposer ?*

– *On pourrait se reposer… sur les yeux.*

Placer les deux mains en coquille sur les yeux.

Laisser un peu de temps aux enfants pour qu'ils se concentrent sur l'absence de vision.

- S'exclamer :

– *Je ne vois plus rien !*
Rester un moment à observer ce qu'on voit derrière les paumes de ses mains.

- Enlever ensuite une main et constater :

– *Oh ! Je vois à moitié !*
Laisser aux enfants un peu de temps pour observer ce que l'on voit lorsque l'on n'a qu'un œil. Leur conseiller de ne pas tourner la tête, ce qu'ils ont le réflexe de faire.

- Enlever ensuite l'autre main et constater :

– *Ça y est ! Je vois tout !*
Toujours sans bouger la tête, observer tout ce que l'on peut voir lorsque l'on regarde vers le haut, vers le bas et de chaque côté de la tête.

- Recommencer ensuite à « se promener » :

– *Si on allait se promener ?*
Répéter le même jeu que précédemment. Cette fois, les mains vont se poser sur le nez :

– *Je ne sens plus rien !*
Demander aux élèves de se concentrer sur la disparition de leur odorat. Leur laisser un peu de temps pour constater l'absence de toute odeur.

• Enlever ensuite une main et s'exclamer :

– *Je sens à moitié !*

• Enlever l'autre main et constater :

– *Ça y est ! Je sens tout !*

Pour cette dernière séquence, qui porte sur l'odorat, il peut être pertinent de vaporiser un peu de parfum dans la classe.

Très ludique, cet exercice amène les enfants à (re)découvrir leur environnement visuel, sonore et olfactif, et à utiliser leurs sens de façon consciente. Il sera d'une grande aide pour toutes les activités d'observation et d'écoute, nombreuses en maternelle et… dans la vie.

• • Variante

Au fil des jours, on pourra remplacer la main par l'index et on le nommera. Par exemple, au lieu de dire « Bonjour la main », on dira « Bonjour l'index, vous n'avez pas vu mon frère ? ». Mis à part ce changement de « protagoniste », l'exercice se déroulera de manière similaire. On pourra faire la même chose avec le pouce.

Novembre

La chanson du corps
Prise de conscience de son schéma corporel

Objectifs :
– ramener le calme de manière très rapide, même dans les moments d'effervescence;
– prendre conscience de son schéma corporel;
– commencer à travailler l'enracinement de façon très rapide et très simple (en étant plus stable sur ses pieds, l'enfant apprend à être plus maître de soi).

Moment de la pratique : – pour commencer, en début d'après-midi. L'exercice pourra ensuite se pratiquer à tout moment de la journée. Il est particulièrement recommandé au moment où les élèves se mettent en rang, une fois la récréation terminée.

Organisation : – les enfants sont assis ou debout. Si les enfants sont assis, ils doivent avoir la possibilité de se lever sans se gêner les uns les autres.

Déroulement de la séance

Cet exercice se présente sous forme de comptine.

• Après avoir inventé une mélodie facile à mémoriser, l'enseignant se met à chanter. Il encourage les enfants à chanter avec lui et à imiter les gestes qui accompagnent les paroles de la chanson. Attention, on ne fait pas les gestes en chantant, mais après avoir chanté.

– J'ai deux mains pour applaudir.
Applaudir brièvement.

– J'ai deux jambes pour courir.

Se lever et courir sur place sans se déplacer.

– J'ai deux pieds pour tenir debout.

Se tenir debout devant sa chaise. Poser ses pieds bien à plat sur le sol.

Attendre un peu, le temps que les enfants ressentent fortement le contact entre leurs pieds et le sol.

– Et j'ai deux bras pour danser.

Balancer les bras au-dessus de sa tête, puis se rasseoir.

– J'ai deux yeux pour regarder.

Regarder partout (en haut, en bas, à droite, à gauche) mais sans bouger la tête.

> Cette gymnastique des yeux est très relaxante et se révélera très bénéfique pour les activités de lecture.

- Continuer :

– Deux narines pour respirer.

Inspirer fort puis expirer par le nez.

– Une bouche pour souffler.

Souffler longuement par la bouche.

> Cette chanson sera utilisée toute l'année, car elle permet un retour très rapide au calme. Il peut suffire de chanter « J'ai deux pieds pour me tenir » à la fin de la récréation pour que les enfants qui se mettent alors en rang cessent de s'agiter et « s'enracinent » immédiatement. On peut également chanter « J'ai deux yeux pour regarder, deux oreilles pour écouter » pour que l'attention des enfants soit immédiatement captée.

•• Prolongement

Au-delà de son effet calmant immédiat, cet exercice peut être utilisé accessoirement en mathématiques pour travailler la numération jusqu'à 2: « J'ai 2 mains, 2 pieds, etc. »

Les feuilles mortes
Défoulement par le cri

Objectifs : – libérer les tensions ;
– canaliser l'agressivité.

Moment de la pratique : – par temps sec, lorsque le sol est recouvert de feuilles mortes.

Organisation : – dans la cour de préférence, surtout les premières fois. On pourra ensuite faire l'exercice dans la classe. Les enfants sont debout. Attention, prévenir les collègues : cet exercice est très bruyant !

Déroulement de la séance

● ● Dans la cour

• Proposer aux enfants de se défouler et de lancer les feuilles mortes dans tous les sens. Faire ensuite un gros tas avec les feuilles.

• Rassembler les enfants en cercle autour du tas. Par deux ou trois, ils viennent ensuite prélever une brassée de feuilles.

• Maintenir fermement cette brassée de feuilles contre soi et, au signal de l'enseignant (qui pourra, par exemple, compter jusqu'à 3), la lancer le plus haut possible en criant très fort. Il est important de respecter le signal, car le fait de crier tous ensemble libère beaucoup plus d'énergie que si on le fait chacun pour soi.

Lorsque l'on répétera l'exercice plus tard, étoffer la consigne en disant :

– On lance le plus haut possible; on crie aussi fort que l'on peut et, surtout, le plus longtemps possible sans reprendre son souffle.

Refaire cet exercice autant de fois que nécessaire, le but étant de permettre aux enfants de se défouler. Même si certains sont très vite « vidés », la tension accumulée par d'autres nécessite un nombre important de reprises.

•• En classe

• Demander aux enfants de se mettre debout devant leur chaise, puis de se baisser afin de mimer le ramassage d'une brassée de feuilles.

• Compter jusqu'à 3 : chacun lance alors ses « feuilles » le plus haut possible, en criant très fort et en faisant durer son cri le plus longtemps possible.

• Finir l'exercice en demandant aux enfants de s'étirer et de se masser le visage en posant leurs deux mains à plat sur celui-ci.

Les enfants ont trop rarement l'occasion de crier. Le fait de le faire collectivement provoque une décharge d'énergie immense, et les laisse immédiatement après dans un état de grande réceptivité propice aux apprentissages.

Le journal
Évacuation de son agressivité

Objectifs :	– permettre à l'agressivité de s 'exprimer; – libérer les tensions liées aux pressions extérieures.
Moment de la pratique :	– de manière systématique, en début d'après-midi. Chaque fois qu'apparaissent des tensions entre les enfants ou que l'ambiance est à la surexcitation. Prévoir un moment assez long (au moins 20 minutes).
Organisation :	– apporter ou faire apporter par les enfants des journaux en grande quantité. En disperser les feuilles avant la séance. Prévoir une grande boîte qui servira de poubelle. Les enfants sont assis en cercle.

Déroulement de la séance

• Poser les feuilles des journaux par terre, au centre du cercle formé par les enfants. L'enseignant prend l'une de ces feuilles, la montre à tous et explique que le journal représente tout ce qui nous agresse et nous énerve : le copain qui nous a pris notre jeu, celui qui nous a bousculé, la pluie qui nous empêche de sortir dans la cour, etc. Favoriser un moment de langage : encourager les enfants à parler des situations stressantes ou énervantes qu'ils ont pu vivre. Par exemple :

– Ce journal, c'est quand mon copain a écrit sur mon dessin.

Prendre une feuille. La froisser, la déchirer, la tordre, bref lui faire subir tout ce qu'on a envie de lui faire subir. Puis la jeter au centre du groupe dans la boîte en carton prévue à cet effet.

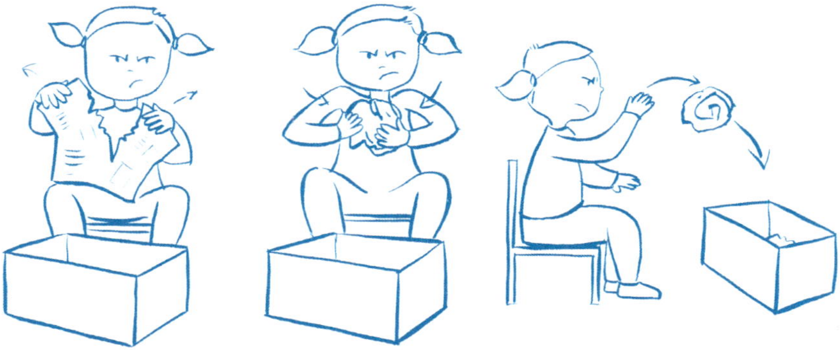

Répéter l'exercice et faire subir le même sort à différentes feuilles:

– *Celle-là, c'est parce qu'elle m'a énervé tout à l'heure.*

– *Et celle-là, je ne sais pas pourquoi mais tant pis pour elle!*

• Demander ensuite aux enfants de faire de même tous ensemble.

• Répéter ensuite l'exercice avec des journaux entiers, que les enfants pourront déchirer à leur guise.

> Pour une fois, il est déconseillé à l'enseignant de participer car les enfants pourraient avoir tendance à adopter son rythme plutôt que le leur. Comme dans tous ces types d'exercices, la dose d'énergie agressive est très variable d'un enfant à l'autre. Laisser faire jusqu'à épuisement.

• Une fois l'exercice terminé, aller chercher la boîte. Sur les indications de l'enseignant, un petit groupe d'enfants y met les feuilles déchirées en veillant à bien les tasser. Expliquer ensuite:

– *Ça y est! C'est fini! Tout est jeté! Maintenant, nous allons nous laver les mains, puis nous allons pouvoir nous mettre au travail!*

• Terminer l'exercice en secouant les mains (voir le « rinçage » proposé dans *Le réveille-matin*), puis en soufflant (voir l'exercice intitulé *Le ballon de baudruche*).

Lorsque la pratique est bien menée, les enfants sortent de cet exercice littéralement « vidés ». Ils sont alors plus réceptifs et plus concentrés.

Les bagarres
Maîtrise de son agressivité

Objectifs : – arriver à exprimer les tensions qui se créent avec les autres enfants;
– arriver à maîtriser son agressivité.

Moment de la pratique : – après une bagarre, une dispute.

Organisation : – les enfants sont assis en demi-cercle. Prévoir un espace suffisant au centre: deux enfants doivent avoir assez de place pour bouger sans se cogner aux autres.

Déroulement de la séance

• À l'occasion d'une dispute ou d'une bagarre, expliquer aux enfants que si l'on comprend la cause de la bagarre, les conflits peuvent se régler autrement que par la violence. Une discussion peut prendre place ici. Lancer un débat à ce sujet en posant différentes questions aux enfants:

– Comment naissent les conflits ? Comment les régler ? Comment faire la différence entre se défendre et agresser ?

Les questions sont ouvertes: chaque enfant donne son opinion.

• Terminer par la question suivante:

– Quelles sont les agressions possibles ?

• Chaque enfant répond et chaque réponse est mimée. Lors de la première séance, l'enfant qui dit que le fait de donner des coups de pieds est un exemple d'agression montrera (évidemment dans le vide) l'action qu'il vient de décrire. Les autres enfants mimeront eux aussi l'action. Celui qui parlera du fait de tirer les cheveux mimera le geste sur lui-même. Tous les enfants feront de même.

• Lors des séances suivantes, c'est l'enseignant qui récapitulera à haute voix l'ensemble des situations d'agression qui auront été proposées par les enfants.

• Plus tard encore, on réduira la verbalisation au strict minimum. Par exemple :

– *Coups de pieds !*
On mime l'action.

– *Coups de poings !*
On mime l'action.

• Une fois que les enfants seront familiarisés avec l'exercice, on pourra enchaîner les mimes sans aucune parole, ce qui permettra de se concentrer uniquement sur le geste et de lui donner le plus de violence possible.

> Attention, il s'agit de mimer l'agressivité de façon réaliste : on est bien en colère et tous les gestes doivent être empreints d'agressivité. Cet exercice permettra non pas de nier celle-ci, mais d'arriver à la canaliser. Si l'on arrive à la créer de façon volontaire, c'est qu'on la maîtrise et qu'on peut donc, aussi, la faire cesser.

Les enfants pourront mimer :

– des coups de pieds :

Se mettre debout. Frapper du pied très violemment et le plus fort possible. Donner des coups de pieds vers l'avant.

– des coups de poings :

Serrer le poing de toutes ses forces, et frapper devant soi, puis vers le bas et vers le haut.

Faire de même avec l'autre main, puis avec les deux mains.

– le fait de tirer les cheveux d'un copain ou d'une copine :

Mimer l'action, puis la faire sur soi-même. Dès que ça fait mal, freiner le mouvement. Au fur et à mesure des séances, apprendre aux enfants à transformer ce geste en un geste positif de massage du cuir chevelu. Deux techniques sont possibles :

• Attraper la plus grosse masse de cheveux possible et tirer doucement, puis un tout petit peu plus fort, comme si l'on voulait faire pousser les cheveux. Faire de même sur toutes les parties de la tête.

• Écarter les doigts au maximum. En partant des tempes, remonter les deux mains dans sa chevelure. Sentir les cheveux se glisser entre les doigts. Resserrer alors la pression des doigts, et tirer doucement. Faire de même en partant de la nuque, puis du front.

– le fait de pincer :

• Mimer tout d'abord l'action de pincer en opposant le pouce à tous les autres doigts de la main, les uns après les autres, et en pressant le plus fortement possible. Faire de même avec l'autre main, puis avec les deux mains simultanément. Finir en secouant les mains.

• Puis pincer de manière plus concrète : avec sa main droite (ou sa main gauche pour les gauchers), pincer doucement la peau sur le dos de la main gauche (ou droite), puis tirer doucement, en plusieurs endroits. Faire remarquer aux enfants combien la peau est fine et extensible en faisant rouler la peau entre ses doigts et en jouant avec elle. Faire le même exercice en inversant les mains.

• Proposer un autre « mode de pincement » : avec les deux mains, pincer doucement puis tirer successivement la peau du front en différents endroits, les sourcils sur toute leur longueur, les joues à la hauteur des pommettes, au milieu, le long des mâchoires, etc.

• Terminer l'exercice en frottant vigoureusement l'ensemble de son visage.

• • Variante

• Il est également possible de mimer la colère à partir d'une histoire, par exemple *Boucle d'Or*. Mimer alors la colère avec le visage : sourcils froncés, mâchoires serrées, etc.

> On remarquera que les enfants ont du mal à mimer la colère en ne faisant appel qu'au visage. Ils ajoutent généralement des crispations d'épaules et de mains, parfois même de tout le corps. Accepter dans un premier temps que le visage ne soit pas la seule partie du corps à mimer la colère. Faire observer aux enfants la manière dont cette dernière se manifeste, et leur

demander de désigner les parties du corps qui rendent compte de ce sentiment.

Refaire l'exercice mais en insistant sur le fait que seul le visage doit exprimer la colère, et que les mains doivent rester posées à plat sur les cuisses.

• Puis varier :

– *Cette fois, nous allons mimer la colère avec seulement les mains et les bras, avec tout le corps mais sans le visage, avec tout le corps et le visage.*

• Pour finir, expliquer aux enfants que l'on va éliminer toute la colère qui pourrait encore rester dans le corps. Secouer les mains, les jambes et les bras comme dans *Le réveille-matin*. S'étirer, puis, les mains à plat, frotter son visage à sa guise.

Décembre

Le père Noël
Méditation

Objectifs : – détendre l'esprit et le corps;
– faire travailler l'imagination.

Moment de la pratique : –pendant les moments de regroupement. Commencer la séance par l'un des exercices précédents (*Monsieur Pouce* ou *La chanson du corps* par exemple).

Organisation : – les enfants sont assis en tailleur, soit par terre, soit, si cela est possible, sur les tables, ce qui permet de créer une ambiance inhabituelle favorable pour cet exercice.

Déroulement de la séance

Profiter de la magie de la période de Noël pour encourager les enfants à rêver, à laisser vagabonder leur imagination et à ne pas se laisser aller à la surexcitation.

> La visualisation proposée par cet exercice peut être difficile à réaliser pour certains enfants, surtout en petite et en moyenne sections, mais l'ambiance créée par l'histoire ne pourra qu'être positive, même vécue à moitié.

• Commencer sur le ton que l'on prend lorsque l'on raconte les histoires, mais avec une voix encore plus douce, presque chuchotée:

– Il était une fois… un enfant qui voulait aller voir le père Noël. Alors, un jour où il faisait mauvais temps, il s'assit sur un nuage. Comme lui, nous allons nous asseoir.

S'asseoir en tailleur sur la table. Cette position met les enfants dans une situation inhabituelle, ce qui va les rendre d'emblée plus réceptifs, plus susceptibles d'entrer vraiment dans l'univers du rêve.

• Reprendre le cours de l'histoire :

– Attention, nous allons partir en voyage… au pays des nuages… Sous nos fesses, le nuage est doux, tout doux, très, très doux.

Laisser un peu de temps aux enfants pour qu'ils ressentent cette « douceur ».

– Très doucement, le nuage commence à bouger. À peine. Un tout petit peu. Vous le sentez ?

Certains enfants pourront répondre par la négative. Insister brièvement, puis poursuivre :

– Très très lentement, le nuage commence à monter, à s'élever.

– Nous voilà maintenant un tout petit peu au-dessus de la table.

– Le nuage passe maintenant par la porte de la classe, on n'a rien à faire. Il faut seulement se laisser porter…

– Sur notre petit nuage, on passe maintenant dans le couloir… Vous le voyez ?

Si des enfants répondent par la négative, décrire le couloir.

> Là, sans qu'ils s'en rendent compte, on fait passer en douceur les enfants de la vision d'objets qu'ils ont sous les yeux (la table, la porte de la classe) à la représentation mentale de ce qu'ils connaissent : le couloir, la salle de jeux ou tout autre lieu de l'école par lequel ils passent pour sortir.

• Continuer :

– Vous êtes dans la cour. Maintenant, très lentement, on passe le portail. Nous voilà sur le trottoir devant l'école : il y a des enfants, des mamans, la barrière… On les regarde.

• Ménager un temps de silence, puis poursuivre :

– On les écoute…

• Ménager un temps de silence, puis continuer :

– Tout doucement le nuage commence à monter au-dessus des gens, au-dessus de la rue. On voit tout de plus haut… On entend de moins en moins les bruits; le nuage continue de monter…

– On arrive au-dessus du toit de l'école, au-dessus du sapin. Quelques oiseaux volent à côté de nous… et on continue de monter.

– On est maintenant plus haut que les oiseaux. On vole dans le ciel. Il y a un grand silence… Très profond.

– Et là, sur un grand nuage tout blanc, on voit le père Noël. Il sourit. On lui dit bonjour.

– Il nous parle… On peut lui dire ce qu'on veut… On n'a pas besoin de parler… Il sait tout. On peut lui demander ce qu'on veut, des jouets mais aussi des conseils. On peut lui raconter tout ce qui nous fait de la peine, ce qu'on voudrait avoir, mais aussi ce qu'on voudrait être…

• Laisser un temps de silence, puis reprendre :

– Puis quand on sait ce qu'on voulait savoir, on lui dit merci, au revoir. Et le nuage redescend doucement. On aperçoit au loin le toit de l'école, on vole au-dessus de la rue, on voit le toit des voitures. On est au-dessus de la cour de l'école, on commence à entendre de nouveau les bruits autour de nous, on sent les odeurs, on voit les autres qui jouent dans la cour de récréation. Le nuage entre dans le couloir, dans la classe. Et nous revoilà à notre place ! On peut rouvrir les yeux.

Finir en demandant aux enfants d'être attentifs à ce qui les entoure. Regarder autour de soi en redécouvrant d'un œil neuf ce qui est familier. La fin de l'expérience ressemble un peu à un retour de vacances, au moment où l'on redécouvre sa maison.

Le ballon
Expérience tactile

Objectifs :
– désamorcer l'agressivité ;
– expérimenter le sens du toucher, en se concentrant sur ses mains ;
– amplifier la respiration.

Moment de la pratique : – les premières fois, après une séance d'EPS où l'on a utilisé des ballons, après une séance d'art plastique où l'on a fait des boules en pâte à modeler, après une récréation où l'on a lancé des boules de neige, etc. Ensuite, chaque fois que les enfants manifestent de l'agressivité.

Organisation : – les premières fois, faire l'exercice avec des supports de forme ronde (boules de neige, ballons, grosses boules de pâte à modeler, etc.). Chaque enfant aura l'un de ces supports, de même que l'enseignant. On pourra ensuite s'en passer.

Déroulement de la séance

•• Avec un ballon

• Debout, les enfants ont chacun un ballon entre les mains. Le cercle qu'ils forment est assez large pour qu'ils puissent se tenir les jambes écartées. L'enseignant s'intègre dans le cercle.

• Faire tourner lentement le ballon en attirant l'attention des enfants sur les sensations qu'ils ressentent :

– Le ballon est-il dur, mou, chaud, froid, doux, rugueux ?

Les enfants auront spontanément tendance à exprimer verbalement leurs constatations. La première fois, laisser s'exprimer cette spontanéité. Ensuite, les inciter à fermer les yeux et la bouche pour qu'ils se concentrent mieux sur leurs sensations.

• Faire rouler le ballon entre les paumes des mains, puis jusqu'au bout des doigts, puis de nouveau entre les paumes. Insister sur le fait que les deux mains doivent bien enserrer le ballon. Presser fortement comme si on voulait aplatir ce dernier. Relâcher.

Répéter plusieurs fois cette alternance de pression et de relâchement.

• Demander aux enfants de garder leur position: ballon entre les mains et jambes écartées. Soulever, toujours à deux mains, le ballon au-dessus de la tête. Le monter le plus haut possible, en étirant les deux bras vers l'arrière, le plus loin possible. Ce geste, en étirant la cage thoracique, amplifie spontanément l'inspiration. La tête doit elle aussi s'incliner vers l'arrière pour éviter les tensions de la nuque. Exagérer la tension vers le haut et vers l'arrière.

• Au signal, relâcher les tensions en soufflant fort: continuer à tenir le ballon entre les deux mains, ramener les deux bras d'un seul mouvement vers le bas. Les immobiliser peu à peu entre les jambes. Insister auprès des enfants : il ne faut pas descendre les bras, mais les laisser tomber. En arrivant entre les pieds, ils produiront un mouvement de balancier qui ira en s'amenuisant jusqu'à immobilisation complète.

Refaire l'exercice plusieurs fois.

• Pour accentuer encore le mouvement, imaginer que le ballon devient très lourd et qu'il est difficile à soulever. Mimer cette difficulté : le fait de forcer oblige le mouvement ascendant à se faire plus lentement, tandis que le mouvement descendant sera plus ample.

•• Sans ballon

• Demander aux enfants de poser le ballon à terre tout en imaginant qu'ils le tiennent toujours. Insister : tout au long de l'exercice, on ne devra pas lâcher ce ballon imaginaire.

> Il est facile de voir si les enfants entrent bien dans le jeu. Vérifier simplement la position de leurs mains : elles doivent rester face à face ; l'écart entre elles doit être stable de façon à ce que le « ballon » ne soit jamais lâché.

• Faire tourner le « ballon » entre ses deux mains. Le soulever au-dessus de sa tête en étirant les bras vers l'arrière.

• Relâcher d'un seul coup en veillant à maintenir la position des mains et à ne pas faire tomber le « ballon ». Les bras s'immobiliseront peu à peu entre les jambes.

• Pour terminer, reprendre le véritable ballon avec douceur. Chaque enfant ira le ranger en le portant sur sa tête, ce qui l'obligera à tenir son corps bien droit.

• • Variantes

Lorsque aucun support n'est utilisé, on peut, pour prolonger le plaisir, jouer avec le ballon imaginaire, le lancer, le rattraper, etc.

• Commencer par lancer le ballon à très faible hauteur, ce qui implique seulement un léger mouvement des poignets. Le rattraper de même.

Lancer ensuite ce ballon imaginaire un peu plus haut en utilisant les avant-bras. Le lancer encore plus haut, en étirant cette fois les bras. Suivre ce « ballon » du regard. Au moment de le rattraper, accentuer le mouvement : arrondir les bras et fléchir légèrement les genoux, comme si le ballon était lourd. Pour amplifier encore le mouvement et favoriser l'extension du corps, lancer ce ballon imaginaire plus haut encore, au-delà du plafond, jusqu'aux nuages.

• On peut aussi jouer avec le ballon imaginaire à deux, en se plaçant face à face, ou en groupe, en s'asseyant en cercle. Il s'agit de se faire passer le « ballon » en le lançant ou en le faisant rouler. On le rattrape et on le renvoie à tour de rôle.

Après un jeu excitant, cet exercice permet de ramener le calme. Jouer avec un ballon imaginaire oblige les enfants à être attentifs aux autres plutôt qu'à l'objet du jeu. La pratique s'avère très bénéfique pour la socialisation.

Le sapin
Travail sur la posture

Objectifs :
- prendre conscience du schéma corporel;
- travailler le positionnement du dos;
- apprendre à relâcher les épaules et des bras.

Moment de la pratique : – les premières fois, après avoir observé le sapin de Noël, après une histoire sur les sapins, etc. Ensuite, à tout moment de la journée.

Organisation : – les enfants sont assis ou debout. Prévoir un espace suffisant entre eux pour qu'ils puissent écarter les bras sans se gêner. S'il y a assez de place, pratiquer l'exercice devant ou autour du sapin de Noël. Si l'on possède une radiographie ou un dessin de la colonne vertébrale, il peut être intéressant de la (ou de le) montrer aux enfants.

Déroulement de la séance

• Demander aux enfants d'observer le sapin et de le décrire: son tronc est très droit et très rigide, ses branches sont souples, etc. Si c'est possible, leur faire toucher les branches afin qu'ils vérifient leur description. Expliquer:

– Nous allons nous tenir comme le sapin.

Laisser d'abord les enfants imiter le sapin à leur guise, puis vérifier leur position: pour que le tronc soit bien droit, enraciner fermement ses pieds dans le sol et étirer la tête vers le haut comme si on voulait atteindre le plafond ou le ciel. Pour le moment, ne pas s'occuper des bras.

L'enseignant peut corriger la position des enfants en passant la main le long de leur colonne vertébrale en commençant par le bas du dos, et en appuyant suffisamment fort pour qu'ils sentent bien la pression.

Demander aux enfants de bien maintenir la « position du sapin », une fois que celle-ci est bien comprise par tous.

• Expliquer ensuite que les branches du sapin vont grandir, et lever légèrement les bras tout en les laissant aussi souples que possible. Insister auprès des enfants pour qu'ils veillent à conserver cette position tout au long de l'exercice.

• Balancer ensuite les bras ensemble d'avant en arrière, sans forcer.

Au début, les enfants ont souvent tendance à exagérer le mouvement. Dans un premier temps, les laisser faire, puis expliquer que le sapin ne bouge pas de lui-même, que c'est le vent qui soulève ses branches, et que celles-ci doivent rester souples.

Demander aux enfants d'imaginer que le vent souffle : c'est ce souffle qui les conduit à balancer les bras alternativement d'avant en arrière.

• En gardant toujours la même position de base (pieds enracinés et dos droit), imprimer à partir des hanches un léger mouvement de rotation : sans bouger les pieds, se tourner successivement vers la droite, vers la gauche, de nouveau vers la droite, et ainsi de suite en laissant les bras suivre le mouvement. Bien insister sur le fait que ces

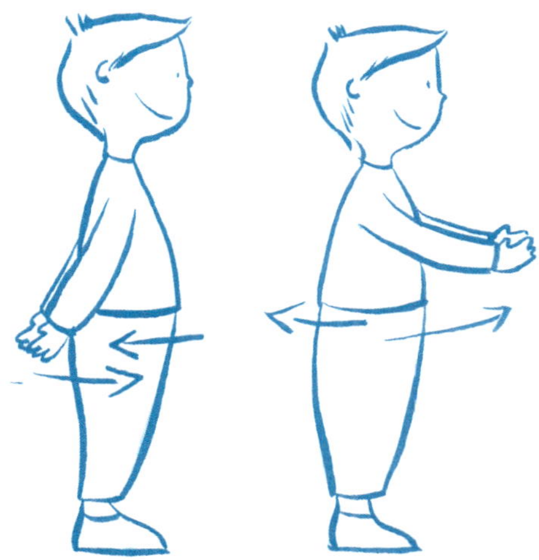

derniers ne bougent pas d'eux-mêmes, mais qu'ils suivent le mouvement du corps. Les bras vont donc se balancer, faiblement au début, puis de plus en plus loin, en alternance, l'un en direction du ventre, l'autre en direction du dos.

• Amplifier le mouvement de rotation peu à peu. Au maximum de l'élan, les bras vont automatiquement prendre de la hauteur et chaque main va toucher la hanche opposée (l'une en passant devant soi, l'autre en passant derrière soi).

• Au bout d'un moment, réduire progressivement le mouvement de rotation jusqu'à immobilisation progressive des bras. Bien préciser aux enfants que le mouvement des bras est involontaire et que la propulsion vient seulement des hanches.

● ● Variante

Les enfants sont assis. Poser les mains sur les cuisses, les doigts tournés vers l'intérieur. Les pieds sont toujours bien à plat sur le sol. En soufflant, et sans bouger les mains, faire avancer le plus possible les coudes vers l'avant. Pour amplifier encore plus le mouvement, fermer les yeux très fort, et arrondir le haut du dos. Forcer le plus possible. Relâcher.

Cette position permet d'étirer très facilement le haut du dos. Elle dénoue les tensions qui y siègent, et amplifie spontanément la respiration. Cet exercice peut se pratiquer très rapidement et a le mérite de procurer un soulagement instantané.

Janvier

La toilette
Massages à deux

Objectifs : – accepter le contact avec l'autre;
– être capable de donner et de recevoir;
– se détendre physiquement et mentalement.

Moment de la pratique : – en début d'après-midi.

Organisation : – l'idéal est de disposer d'une salle assez vaste pour pouvoir pratiquer les massages en position allongée. Mais ces derniers peuvent facilement se faire en position assise dans l'espace de la classe. Les techniques sont en effet adaptables. Demander aux enfants d'enlever au préalable lunettes et barrettes.

Déroulement de la séance

• Installer des chaises en cercle ou en demi-cercle. Ménager un espace suffisant devant chaque chaise afin qu'un enfant puisse s'asseoir en étendant les jambes devant lui. Certains enfants seront les « masseurs »: ils s'assoient confortablement, les pieds bien à plat sur le sol. Les autres sont les « massés »: ils sont assis par terre, le plus confortablement possible, et leur dos repose contre les jambes des premiers. Les enfants qui sont assis sur les chaises massent donc les enfants qui sont devant eux. On inversera ensuite les positions. Il est indispensable que, dans une même séance, chaque enfant soit, tour à tour, le « masseur » et le « massé ». Si le nombre d'enfants est impair, l'enseignant massera lui-même un enfant, ce qui lui permettra de montrer aux autres masseurs ce qu'il faut faire. Si le nombre d'enfants est pair, l'enseignant fera la démonstration sur une poupée de grande taille ou sur l'un des enfants.

> Tout au long de la séance, l'enseignant passera dans les rangs pour vérifier et corriger la position ou la pression des mains. Il suffit de regarder le visage du « massé » pour voir si le massage est effectué correctement: une grimace est en général le signe d'une pression trop forte; l'air de s'ennuyer ou de se distraire est plutôt le signe d'une pression insuffisante.

Les « massés » n'ont rien à faire pendant toute la séance, mais ils peuvent diriger les mains des « masseurs » s'ils trouvent le massage inconfortable. Toutes les instructions qui suivent s'adressent aux masseurs.

• Poser les deux mains bien à plat sur le crâne de son camarade et rester ainsi quelques instants sans bouger. Les enfants se concentrent alors uniquement sur ce qu'ils ressentent. Bien expliquer aux « masseurs » que leurs mains sont d'abord juste posées sur la tête des « massés »: il ne faut pas appuyer, mais il ne faut pas non plus avoir peur de toucher. Les mains se reposent, sans effort.

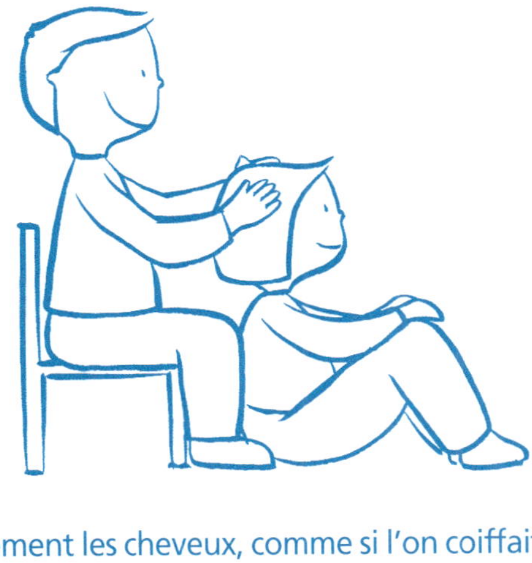

• Caresser doucement les cheveux, comme si l'on coiffait, lissait la chevelure. Cet exercice se fait avec les deux mains en alternance. Veiller à masser toujours dans le même sens; il ne faut pas qu'il y ait de mouvement de va-et-vient. Les mouvements peuvent être les suivants:

– du haut du front vers le sommet du crâne;

– du sommet du crâne jusqu'au creux de la nuque ;

– des tempes jusqu'à l'arrière du crâne.

• Masser ensuite tout le cuir chevelu avec le bout des doigts, comme si l'on faisait un shampooing.

L'enseignant observe le comportement des enfants et peut, si cela lui semble nécessaire, terminer ici l'exercice.

> La séance complète peut en effet paraître un peu longue la première fois, surtout pour les enfants qui ont du mal à accepter les contacts physiques. Pour eux, cette première « toilette » s'arrêtera au « shampooing ».

Peu à peu, les séances seront allongées.

• Après le « shampooing », demander aux « masseurs » de poser les mains sur les épaules des « massés », et de les laisser quelques instants afin de se concentrer sur ce qu'ils ressentent.

• Poser les mains en haut et de chaque côté du cou des « massés ». Les descendre ensuite doucement jusqu'à l'extrémité des épaules. Rompre le contact et recommencer. Faire un massage progressif : commencer comme si l'on faisait une caresse, pour familiariser l'autre avec le contact, puis, progressivement, masser de plus en plus fort, en appuyant tout en descendant les mains.

• Poser les mains sur les trapèzes, à la base du cou. Pincer en ayant soin de bien ouvrir la main pour attraper le muscle plutôt que la peau. Lâcher. Poser les mains un tout petit peu plus loin ; pincer de nouveau, et ainsi de suite jusqu'à l'extrémité des épaules. Frotter le haut des épaules dans les deux sens, en un mouvement de va-et-vient.

• Remonter les deux mains jusqu'à la base du cou. Entourer le cou, puis remonter les mains jusqu'aux oreilles, en tirant comme si on voulait faire grandir le cou du « massé ». Attention, ne pas tirer vers l'arrière, mais bien droit ou plutôt vers l'avant. Les tensions dans la région de la nuque sont très fréquentes, et cet exercice va permettre de les réduire rapidement.

Refaire cet exercice trois fois.

• Le « massé » va maintenant poser sa tête sur les genoux du « masseur », et celui-ci termine la séance comme au début, en caressant les cheveux du front vers le sommet du crâne.

> Ce retour à la position du début de la séance permet à l'enfant de faire la différence, même inconsciemment, entre l'avant- et l'après-massage, et de prendre conscience que la séance se termine.

• Laisser quelques instants aux enfants afin qu'ils puissent discuter de leurs impressions s'ils le désirent, puis inverser les rôles.

Cet exercice crée des liens de complicité entre les enfants; il leur apprend à s'occuper de quelqu'un d'autre et à se laisser faire par un autre. Le climat de confiance ainsi établi crée une ambiance de classe beaucoup plus sereine.

L'escalier
Travail sur la voix

Objectifs : – éliminer les tensions dans la gorge, le cou, la bouche;
– apprendre à moduler sa voix et à parler moins fort, et ainsi contribuer à réduire le bruit ambiant dans la classe.

Moment de la pratique : – pour commencer, au moment, par exemple, d'un travail sur *Boucle d'Or* (en utilisant les voix des trois ours comme support), d'une séance d'éducation musicale consacrée à la voix, ou encore d'un travail sur les maisons (on pourra s'imaginer en monter et en descendre les escaliers). Plus tard, chaque fois que le volume sonore tend à s'amplifier.

Organisation : – les enfants sont assis en cercle.

Déroulement de la séance

• Mimer avec la main la montée puis la descente d'un escalier. Écouter la montée et la descente d'une gamme jouée sur une flûte ou un autre instrument. Chaque fois que la main se positionne plus haut ou plus bas, dire aux enfants qu'on monte ou qu'on descend une marche de l'escalier.

• Demander aux élèves de jouer à répéter ce que l'on chante : chanter sur chacune des voyelles en jouant avec la longueur, la hauteur et la puissance du son. Exemple : produire un ***a*** très court avec une voix très grave, un ***i*** très long avec une voix très aiguë, etc. Explorer ainsi différentes capacités vocales.

• Associer ensuite la hauteur avec les sons : une fois très court, une fois très long, puis le plus long possible jusqu'à ce que les enfants aient expiré tout leur souffle. Proposer aux enfants de produire par exemple :

– le ***i*** le plus aigu possible (le faire très court, par petits cris successifs) ;
– un ***i*** très long ;
– le ***i*** le plus long possible ;

– un **e** légèrement plus bas (le faire très court, par petits cris successifs) ;
– un **e** très long ;
– le **e** le plus long possible ;

– un ***a*** un peu plus grave, en faisant le même travail sur la longueur et l'intensité ;

– un ***u*** encore un peu plus grave, en faisant le même travail sur la longueur et l'intensité ;

– le ***o*** le plus grave possible, en faisant le même travail sur la longueur et l'intensité.

• Faire le même jeu, mais en associant cette fois le son, la hauteur et la position des mains, afin de sentir les vibrations produites par le son. Produire le son le plus longtemps possible. Proposer aux enfants de produire ainsi, par exemple :

– le ***i*** le plus aigu possible, en posant les mains sur le sommet de son crâne ;

– un **e** légèrement plus bas, en posant les mains sur son cou ;

– un ***a*** un peu plus grave, en posant les mains sur le haut de la poitrine ;

– un ***u*** encore un peu plus grave, en posant les mains sur la poitrine ;

– le ***o*** le plus grave possible, en posant les mains sur le ventre.

En apprenant à travailler leur voix, les enfants parviennent ainsi à mieux la contrôler. Plutôt que de leur répéter sans cesse de parler moins fort (ce que certains ont beaucoup de mal à faire), on pourra leur conseiller de parler « plus grave », les voix aiguës étant nettement plus stressantes.

• • Variante

Prendre l'ascenseur au lieu de prendre l'escalier. En d'autres termes, ne plus marquer de pauses entre chaque étape, mais enchaîner les différentes hauteurs de son comme sur une flûte à coulisse, que l'on pourra faire écouter aux enfants avant de commencer l'exercice.

Cette variante permet de gagner encore de l'aisance dans la maîtrise de la voix, l'idéal étant de pouvoir en jouer comme d'un instrument de musique.

Les rois
Posture et comportements

Objectifs :
– travailler sur le maintien;
– découvrir comment la position du corps influe sur les comportements.

Moment de la pratique :
– d'abord, au moment de l'Épiphanie, à l'occasion d'un échange verbal sur ce thème. Ensuite, à n'importe quel moment, chaque fois que les enfants sont debout, par exemple lors des déplacements.

Organisation :
– se procurer une couronne de roi. L'exercice peut aussi être fait avec une couronne par enfant (éventuellement celles qu'ils auront eux-mêmes confectionnées en classe). Il peut être intéressant d'observer, avant l'exercice, des photos ou dessins de rois, et de se concentrer sur la posture adoptée par ceux-ci. Les enfants sont assis en cercle ou en demi-cercle, mais ils doivent avoir la possibilité de se lever devant leur chaise.

Déroulement de la séance

• Demander aux enfants de former un cercle. Désigner un enfant qui ira se placer au centre du cercle, face aux autres, et qui jouera le rôle du roi. Lui poser une couronne sur la tête. Lui demander de marcher comme marchent les rois, de regarder le monde de haut, de se déplacer avec lenteur, d'être conscient de sa valeur et de son importance.

• Lui demander ensuite de faire « le pitre », de gigoter, de sauter, de mimer la bagarre, etc. La couronne va immanquablement tomber. Conclure :

– Si nous voulons être « comme des rois », il est donc important d'adopter une posture royale !

• Pour aider l'enfant à adopter une « démarche royale », lui recouvrir éventuellement les épaules avec une longue cape allant jusqu'à terre : il sera contraint de marcher plus lentement.

Refaire l'exercice plusieurs fois en changeant les rôles : les filles peuvent devenir reines ou princesses, les garçons, rois ou princes.

• L'enfant qui a servi de modèle pose sa couronne et rejoint le cercle. Tous les enfants posent sur leur tête une couronne imaginaire et se tiennent debout, immobiles.

• Les engager ensuite à se déplacer tout en veillant à ne pas faire tomber la « couronne » qu'ils ont sur la tête.

• Ménager des pauses. Pendant celles-ci, les enfants pourront déposer leur couronne et abandonner leur « posture royale ». Ils s'agiteront, feront des grimaces, etc.

• Au signal, reprendre sa couronne, redevenir roi et adopter de nouveau une « posture digne ».

Février

La poupée de chiffon
Relâchement musculaire

Objectifs :
– relâcher ses muscles;
– apprendre à lâcher prise et à se laisser aller.

Moment de la pratique : – en classe, au moment du regroupement. En salle de jeux, au moment d'une séance d'EPS.

Organisation : – se procurer ou fabriquer une poupée de chiffon, grande si possible. C'est elle qui servira d'exemple, pour toutes les étapes de l'exercice. Pratiquer de préférence dans la salle de gymnastique. Il est cependant possible d'utiliser un local exigu. Dans ce cas, faire faire les exercices par demi-groupes: le premier effectue l'exercice, tandis que l'autre regarde. Inverser ensuite les rôles.

Déroulement de la séance

• Expliquer aux élèves:

– Comme c'est la période du Carnaval, nous allons nous déguiser comme la poupée de chiffon.

Donner un prénom à la poupée afin que les enfants l'identifient plus facilement:

– Nous l'appellerons Chiffonnette.

• Demander aux enfants de la regarder, puis de se tenir comme elle. Commencer par des poses simples, sans entrer dans le détail, afin d'habituer les enfants à observer et à imiter. Laisser un espace entre chaque chaise pour qu'ils puissent laisser pendre leurs bras de part et d'autre.

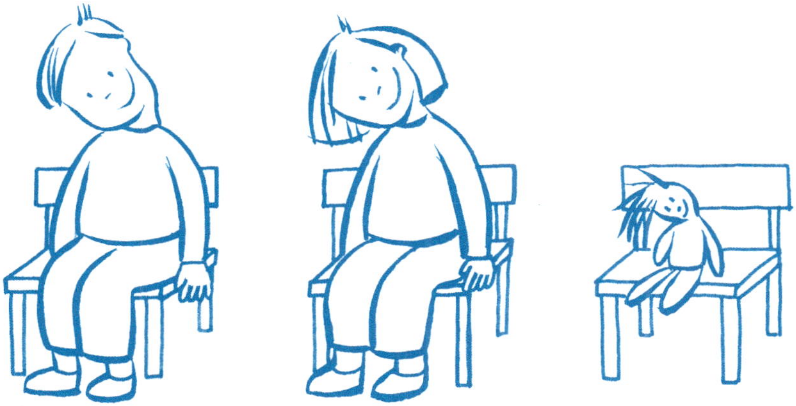

•• Les positions

• Changer les positions de la poupée et donner différentes instructions aux enfants : s'asseoir simplement, se mettre debout, se mettre à genoux, s'asseoir de nouveau, croiser les jambes, lever les bras..., le seul but étant de ressembler à Chiffonnette.

• Au fur et à mesure, rajouter des commentaires et demander aux enfants de se concentrer sur les différentes positions :

– Voilà Chiffonnette assise ! On observe sa tête : elle pend en avant, sur le côté, de l'autre côté...

– On observe ses bras : ils pendent le long de son corps ; ils ne bougent pas, ils sont tout mous.

•• Les balancements

Chaque série se fait en trois temps : observation, commentaires, pratique.

> Les mouvements toniques indiqués ci-dessous, n'ont pas à proprement parler d'intérêt pour la relaxation, mais ont simplement pour but de montrer la différence entre des exercices actifs et des mouvements proprement

relaxants. Les enfants comprendront par comparaison la différence entre « faire » et « laisser faire ».

On peut faire chercher aux enfants les plus grands l'endroit d'où part le mouvement. Il faut alors dissimuler la main qui fait bouger Chiffonnette.

– Les mouvements toniques :

• Garder la tête droite. Balancer la tête vers la droite et vers la gauche, en faisant naître le mouvement à la base du cou.

• S'asseoir. Balancer le buste de gauche à droite, en faisant naître le mouvement aux hanches.

• Se mettre debout. Balancer le torse d'avant en arrière en faisant naître le mouvement aux pieds.

• Toujours debout, se balancer en prenant successivement appui sur un pied, puis sur l'autre.

– Les mouvements de relaxation :

• Reprendre les mêmes mouvements, mais cette fois, comme dans l'exercice *Le sapin*, la propulsion n'est qu'un mouvement de départ, le reste du mouvement se faisant sur l'élan, sans intervention de la volonté.

Cet exercice est souvent difficile pour les enfants, du moins au début. Avec du temps et de l'entraînement, ils y parviennent cependant et trouvent alors du plaisir à l'exécuter.

• Ne plus tenir sa tête, mais l'abandonner. La balancer à droite et à gauche. Au bout d'un moment, on ne sait plus trop d'où part le mouvement : la tête est molle comme celle de Chiffonnette, et elle oscille lentement vers la droite, vers la gauche. Peu à peu, le mouvement s'amplifie si bien que les mouvements deviennent circulaires. Insister auprès des enfants pour qu'ils ne relèvent jamais la tête.

• Continuer à faire osciller sa tête vers la droite, vers la gauche. Le mouvement part à présent de la région des ischions (ces os placés sous les fesses, que l'on sent lorsqu'on est assis bien droit, sur un siège dur). La tête reste molle, les épaules sont tombantes. Peu à peu, le mouvement s'amplifie si bien que les mouvements deviennent circulaires.

• Lever le bras droit jusqu'aux épaules. Le maintenir ainsi quelques secondes, puis relâcher brusquement.

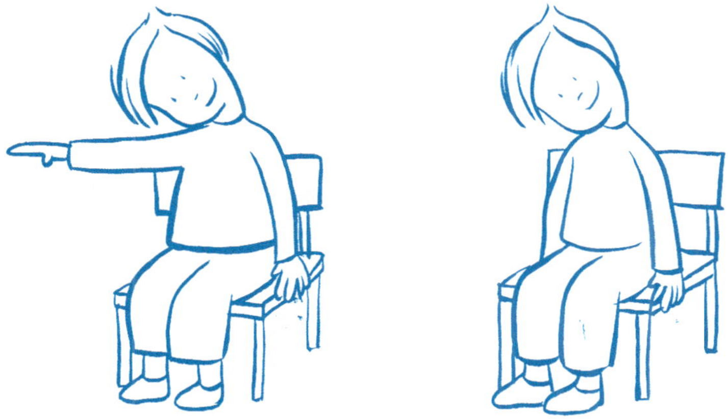

Attention, il est beaucoup plus difficile qu'il n'y paraît de relâcher vraiment le bras. Les enfants (et même les adultes) auront tendance à accompagner le mouvement, à le diriger. Insister sur le fait que le bras doit tomber. L'observation est ici importante, et Chiffonnette a un rôle primordial. Pour bien faire ressentir aux enfants la différence entre les deux consignes (« baissez le bras » et « laissez tomber le bras »), faire les deux mouvements à la suite l'un de l'autre. Pour vérifier que les enfants « abandonnent » bien leur bras, passer devant (ou derrière) chaque enfant afin de jouer avec ses bras, de les projeter vers le haut, de les tenir, de les lâcher brusquement, de les rattraper avant qu'ils ne retombent tout à fait, de les secouer, etc. Cette vérification doit se faire par surprise afin d'éviter que les enfants n'anticipent le mouvement. L'enseignant pourra n'attraper qu'un bras, tenir les deux ensemble, ou en maintenir un et lâcher l'autre.

• Au bout de quelques séances, un enfant peut être chargé d'aider l'enseignant dans sa vérification. Les enfants pourront ensuite faire l'exercice deux par deux : le premier imitera Chiffonnette, le second testera le relâchement du premier.

• • Variante

Le même exercice peut être fait en position allongée. À ce moment-là, il sera possible et souhaitable d'inclure des mouvements de jambes.

La marionnette à fil
Assouplissements

Objectifs : – approfondir le relâchement profond de tous les muscles;
– assouplir son corps.

Moment de la pratique : – hormis le moment de relaxation proprement dit en début d'après-midi, cet exercice peut se pratiquer partiellement à différentes occasions. Le travail sur les mains peut être utile avant ou après un exercice graphique un peu long. Le travail sur les jambes peut prendre place après une séance de motricité fatigante. Il peut alors se pratiquer en position allongée.

Organisation : – les enfants sont assis de manière à ce que l'enseignant puisse passer devant chacun. On commencera par faire les exercices sur la poupée de chiffon afin que les enfants puissent imiter les différents mouvements.

Déroulement de la séance

La séance se fera en différentes étapes.

• Assouplir les doigts :

S'asseoir en posant les pieds à terre, en posant la main gauche sur la cuisse gauche. Pincer la peau de la main gauche entre le pouce et l'index de la main droite. Tirer et soulever la main gauche avec la main droite. Relâcher brusquement. Attention, La main gauche ne se lève pas d'elle-même : elle se laisse mener par la droite. Refaire trois fois le mouvement, puis inverser les mains.

• **Assouplir les poignets :**

Poser ses avant-bras sur ses cuisses. Les coudes sont collés au corps, sans aucune tension. Avec la main droite, attraper la manche gauche assez près du poignet. La main gauche reste molle, les doigts sont pendants ; le coude reste immobile. Tirer sur la manche pour soulever le bras. Secouer celui-ci, puis le remonter un peu plus haut. Relâcher brusquement. Refaire trois fois le mouvement, puis inverser les mains.

• **Assouplir les épaules :**

Attraper la manche gauche au niveau de l'avant-bras, assez près du coude. La main droite tire sur la manche pour soulever le bras jusqu'à la hauteur de l'épaule. Relâcher brusquement. Refaire l'exercice trois fois, puis inverser les bras.

• **Assouplir les jambes :**

Croiser les doigts sous le poplité (arrière du genou). La jambe reste pliée. Soulever légèrement le genou avec les mains. Laisser la jambe et le pied ballants quelques secondes. Tirer ensuite avec les mains, les doigts toujours croisés, et soulever le genou de façon à le rapprocher le plus possible de la poitrine. Attention ! La jambe et le pied restent pendants. Relâcher brusquement. Refaire trois fois le mouvement, puis passer à l'autre jambe.

• • Variante

On peut pratiquer ces exercices en salle de jeux.

Les enfants se mettent alors deux par deux: l'un est allongé, l'autre est muni d'un foulard. Au lieu de tenir le poignet, le bras ou la jambe, entourer le membre choisi avec un foulard et le soulever lentement. Faire bouger le poignet, le bras ou la jambe de haut en bas, de gauche à droite. Bien signifier à l'enfant qui tient le foulard que ses mouvements doivent être très doux, comme si l'autre était très fragile.

> Attention, au début, certains enfants, méfiants, auront du mal à accepter de se laisser aller dans les mains d'un autre, mais une fois la confiance acquise, cet exercice s'avérera très bénéfique.

En abandonnant ainsi le soin de bouger ses membres à un autre, on ressent une sensation très plaisante d'abandon: le cerveau se déconnecte de la responsabilité du mouvement et se met ainsi au repos.

Les masques
Contraction et décontraction du visage

Objectif : – apprendre à identifier les différentes émotions et, ce faisant, mieux les maîtriser.

Moment de la pratique : – quand les enfants sont regroupés, lors des séances de langage à propos du carnaval, puis lors des séances de relaxation du début de l'après-midi.

Organisation : – les enfants sont assis et regardent tous l'enseignant.

Déroulement de la séance

• Expliquer aux enfants :

– Pour le carnaval, nous allons nous fabriquer des masques magiques. Regardez !

• Mimer plusieurs fois une première série de « masques ». Poser les deux mains sur le sommet de la tête : les doigts vers l'arrière, les bras devant le visage. Descendre lentement les mains sur le visage : les doigts partent du haut du front et descendent jusqu'au menton. À mesure que les mains descendent, elles font descendre les yeux, les joues et enfin la bouche : le masque est triste.

Les mains remontent lentement, doigts toujours dirigés vers le haut. Elles font remonter la bouche, puis les joues, et enfin les yeux : le masque est gai.

Enlever les mains. Commenter. Faire parler les enfants et en profiter pour enrichir leur vocabulaire et pour travailler sur les nuances : le masque est gai, joyeux, heureux, content, triste, fatigué, etc.

À leur tour, les enfants font plusieurs fois l'exercice.

Pour l'expression de la joie, on peut rajouter un petit « plus » en claquant des doigts. Ce claquement est le signal qui commande la petite lumière que l'on peut avoir dans les yeux et qui nous rendra encore plus heureux.

• Mimer plusieurs fois une seconde série de « masques ». Poser une main sur chaque oreille. Réunir les mains jusqu'à couvrir tout le visage. Au fur et à mesure que les mains se rapprochent, les joues se creusent et les sourcils se froncent : le masque en est colère.

Comme précédemment, les enfants commentent et enrichissent leur vocabulaire en travaillant sur les nuances : le masque est en colère, énervé, furieux, etc.

Après ce temps d'observation, les enfants reproduisent ces masques.

> Entre chaque mime, veiller à ce que les enfants se composent un visage neutre, qualifié souvent de « gentil ». Ce masque de la tranquillité peut être orné d'un léger sourire.

• • Variante

• Faire trouver aux enfants d'autres expressions possibles, comme la timidité, la peur, la bouderie, etc. Leur demander de les mimer et de les commenter.

Bien préciser aux enfants : comme dans l'exercice intitulé *Les bagarres*, c'est seulement le visage qui participe dans un premier temps au mime.

• Mimer ensuite ces expressions avec le corps, mais sans le visage, puis avec le corps et le visage.

• Pour terminer, frotter son visage en faisant de larges mouvements circulaires avec ses deux mains : on se débarrassera ainsi de tous les masques.

En multipliant les mimiques, on accroît la mobilité des muscles du visage, on apprend à identifier et à nommer les différentes émotions, à les transformer et donc à éviter de se laisser submerger par elles.

La voix masquée
Déguisement de la voix

Objectifs :
- contrôler sa voix;
- faire baisser le volume sonore de la classe;
- développer l'attention auditive. Prendre de la distance avec ses émotions.

Moment de la pratique :
- en début d'après-midi pour commencer. Plus tard, chaque fois que le bruit ambiant s'amplifie, que le ton monte, que les enfants ont tendance à parler trop fort ou à crier. Cet exercice peut être pratiqué à la suite du précédent.

Organisation :
- les enfants sont assis en cercle pour la séance proprement dite. Aucune condition particulière n'est requise pour les séances ponctuelles. Un magnétophone peut être utilisé pour enregistrer les enfants.

Déroulement de la séance

À chaque étape, l'enseignant commence par montrer; les enfants reproduisent ensuite. Au début, certains enfants feront peut-être des commentaires. Commencer par les écouter, puis enchaîner en expliquant qu'il ne faut pas interrompre le jeu.

• Choisir un mot simple et court, par exemple « Bonjour ». Demander aux enfants de s'imaginer dans une certaine situation, qui appelle une émotion particulière:

– J'ai perdu ma peluche préférée, je suis triste. Un copain a déchiré mon dessin, je suis en colère, etc.

• Mimer un masque triste, un masque coléreux, etc., en fonction de l'émotion que l'on a choisi de mimer. Demander aux enfants de s'observer mutuellement et de se concentrer sur les différentes parties du visage : comment sont les sourcils, les yeux, la bouche, etc.

• Pour que l'imitation soit plus précise, proposer de déguiser également sa voix :

– *Si nous mettons un masque triste, nous allons aussi déguiser notre voix. Comment dit-on « Bonjour » quand on est triste ?*

Laisser les enfants exprimer la tristesse en prenant des inflexions de voix particulières.

• Mimer enfin la tristesse avec l'ensemble du corps : demander aux enfants de se mettre dans la position qu'ils adoptent lorsqu'ils sont tristes. Leur demander de s'observer mutuellement : ils remarqueront que les poses des uns et des autres varient considérablement. Faire parler les enfants, qui devront expliquer comment se positionnent leur tête, leurs bras, leurs épaules, leurs jambes, etc.

• Faire le même exercice mais en imitant la joie, la colère, la surprise, la peur, la timidité, l'excitation, etc. Terminer toujours par… la tranquillité.

Répéter plusieurs fois l'exercice et accélérer le changement d'expression en y associant systématiquement le nom du sentiment ou de l'émotion que l'on mime.

• • Variante

• À la place de « Bonjour », choisir une phrase courte chargée d'émotion « négative », par exemple :

– *Martin m'a frappé. Ma maman me manque. J'ai peur du noir*, etc.

• Mimer avec le corps et le visage l'émotion que l'on veut exprimer : serrer les poings, froncer les sourcils, contracter les mâchoires, remonter les épaules. Au signal, demander aux enfants de mimer plusieurs fois l'émotion et de crier leur colère :

– *Martin m'a frappé !*

• Demander ensuite aux enfants de jouer sur les nuances. Leur expliquer que la phrase précédente peut exprimer, bien entendu, la colère, mais également toute une gamme de sentiments autres, comme la surprise, la tristesse, la peur, etc. Leur demander de partir de la phrase choisie précédemment et de faire deviner aux autres, par un mime impliquant le corps, le visage et la voix, l'émotion qu'ils ont choisi d'exprimer. Terminer toujours par un mime de la tranquillité.

> Cet exercice peut être utilisé très rapidement chaque fois qu'un enfant se laisse déborder par ses émotions : lui faire reprendre la même phrase sur un autre ton, pas trop éloigné cependant de l'émotion de départ. La colère est aisément remplacée par la tristesse (et inversement), l'excitation par la joie, etc. Toujours finir sur la tranquillité.

Cette séance permettra aux enfants de relativiser leurs émotions (et celles des autres), d'en jouer, mais aussi de les reconnaître, de les exprimer et de mieux les maîtriser.

Mars

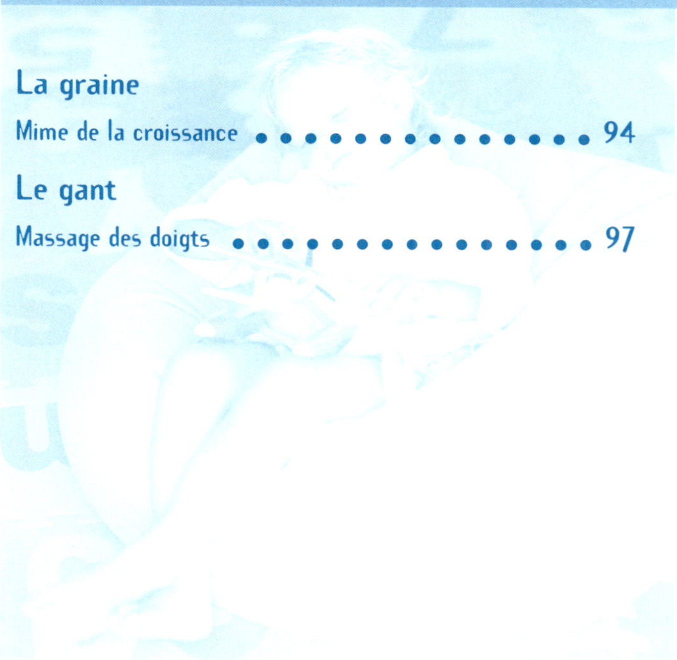

La graine
Mime de la croissance

Objectif : – apprendre à alterner les moments de tension et de relâchement.

Moment de la pratique : – d'abord en début d'après-midi. Plus tard, à tout moment, sur la simple injonction : « On fait la graine qui pousse », même si ce n'est pas le printemps.

Organisation : – les enfants sont tout d'abord assis sur des chaises, ou accroupis.

Déroulement de la séance

• Se recroqueviller, demander aux enfants d'en faire autant et leur expliquer :

– Comme la graine, on va se faire tout petit. On est caché dans la terre, bien au chaud. On ne bouge pas, on ne parle pas, on respire « tout petit », personne ne sait qu'on est là.

– Le printemps arrive, il commence à faire plus chaud. La graine grandit un tout petit peu et va commencer à sortir de terre.

• Comme la graine qui se met à germer, encourager les enfants à relever la tête le plus lentement possible, à redresser les épaules, à étirer le dos et la nuque. Continuer :

– La plante grandit… elle grandit de plus en plus.

Les mains se déplient l'une après l'autre et semblent monter un escalier :

– Un peu plus haut, encore plus haut, de plus en plus haut.

• Si l'enseignant choisit de faire l'exercice debout, on s'étirera encore plus vers le haut en se hissant sur la pointe des pieds. Lorsque les mains ont atteint le point le plus haut, s'immobiliser. Tenter de faire encore monter une main, puis l'autre. Tirer les mains le plus haut possible. Continuer :

– Les feuilles de la plante grossissent.

• Les bras toujours étirés vers le haut, retourner les paumes des mains vers l'extérieur. Écarter légèrement les bras, puis les abaisser doucement. Continuer :

– Lorsque la plante est mûre, elle devient une maman. Elle va alors produire une nouvelle graine, qui, à son tour, va se ressemer. Cette petite graine va tomber, se ressemer, et le cycle recommence.

• Pour mimer la nouvelle petite graine qui tombe, relâcher tout son corps d'un seul coup. Souffler le plus d'air possible, bouche grande ouverte. On se retrouve finalement en position accroupie.

Refaire cet exercice au moins trois fois.

• • Variante

La finale de l'exercice peut varier.

La plante se fane lentement à présent. Au lieu de relâcher son corps d'un seul coup, descendre d'abord les mains et les bras, comme si l'on descendait d'une échelle, puis baisser la tête, enrouler les épaules, le dos (comme on l'a fait précédemment dans *L'escargot*), plier les genoux, et finir enfin accroupi.

> La lenteur du relâchement permet idéalement de contrôler les étapes de la détente : on peut alors apprendre à doser le degré de la relaxation. Les enfants ne pourront évidemment pas maîtriser cette démarche, mais on pourra au moins leur faire comprendre qu'elle existe.

Le gant
Massage des doigts

Objectif : – assouplir les doigts pour les activités de motricité fine (graphisme ou activités manuelles minutieuses).

Moment de la pratique : – avant ou après un exercice graphique. Chaque fois que les mains sont porteuses de gestes agressifs.

Organisation : – les enfants sont assis en cercle ou en demi-cercle.

Déroulement de la séance

• Présenter l'exercice sous forme de jeu de doigts: la main droite agit sur les doigts de la main gauche. Expliquer:

– Ma main attrape le pouce et le dévisse.
Serrer fort la base du pouce. Faire doucement tourner celui-ci, puis tirer comme si on voulait enlever le pouce de la main.

• Continuer:

– Ma main attrape l'index et le dévisse.
Faire le même mouvement. Le répéter avec chaque doigt.

• Conclure:

– Ça y est! Tous les doigts sont dévissés: ils s'envolent!
Faire remuer ses doigts dans tous les sens.

• D'un geste de la main droite, faire semblant de rattraper ses doigts dans le vide :

– *On va les remettre en place.*

– *Je prends le pouce et je le remets à sa place.*
Tenir l'extrémité du pouce gauche avec les doigts de la main droite. Serrer les doigts de la main droite et les faire glisser jusqu'à la base du pouce gauche.

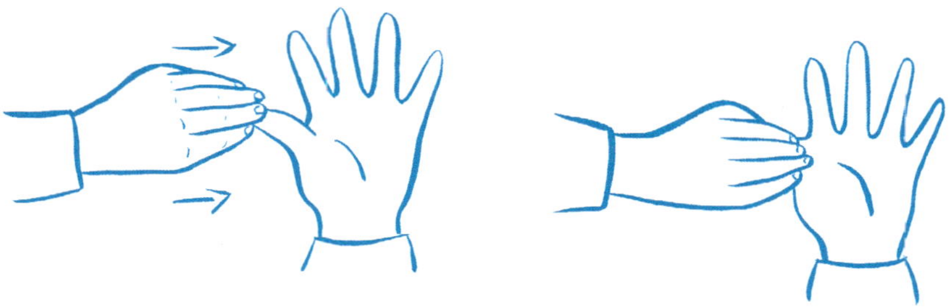

• Continuer :

– *Je prends l'index et je le remets à sa place.*
Faire le même massage avec l'index, de l'extrémité vers la base.

Faire de même avec tous les autres doigts.

• Conclure :

– *Ça y est ! Tous les doigts sont revenus ! Ils vont maintenant se reposer.*
Masser tout le dos de la main en partant de l'extrémité des doigts pour aller jusqu'au poignet. Retourner la main et masser à présent la paume de la main en partant de l'extrémité des doigts pour aller jusqu'au poignet.

Faire les mêmes exercices avec l'autre main.

• Terminer en frottant vigoureusement les mains l'une contre l'autre, en les mettant face à face, puis l'une sous l'autre (comme si on se lavait les mains), en insistant sur les doigts. Les mains sont maintenant bien assouplies et prêtes pour écrire, dessiner, etc.

Avril

L'arbre
Travail sur l'enracinement

Objectifs : – acquérir davantage de stabilité;
– être capable de maintenir sa position sans se laisser déstabiliser par les autres.

Moment de la pratique : – pour le début, un jour de beau temps. Cet exercice est lié à tout ce qui touche les plantations. Le faire de préférence une fois que l'on aura bien observé les racines des lentilles ou des différentes graines que l'on aura semées, et que l'on aura bien fait comprendre aux enfants que les végétaux sont vivants, qu'ils vivent, respirent, s'alimentent, peuvent être malades, etc.

Organisation : – si possible, observer de près un arbre imposant avant de faire l'exercice. S'asseoir en rond, par terre, autour de l'arbre. Faire l'exercice sur place si c'est possible, au moins les premières fois. Plus tard, il pourra être fait en classe ou en salle de relaxation.

Déroulement de la séance

• Interroger les enfants au sujet de l'arbre :

– Comment est-il ? Comment tient-il debout ? Est-ce qu'il bouge ? Est-ce qu'il respire ?

Faire remarquer que l'arbre semble fort et costaud.

– Pour vérifier, nous allons essayer de le pousser et de le déplacer.

• Demander aux enfants, réunis en différents groupes, d'essayer d'agir sur l'arbre en poussant sur son tronc. Expliquer ou faire deviner la raison pour laquelle l'arbre tient si bien :

– Il se tient droit. Il a des racines profondes.

• Expliquer aux enfants la suite des événements :

– Maintenant, nous allons essayer de devenir aussi forts que lui.

Trois dimensions vont être abordées :

– **Haut / bas :** l'arbre est grand. Il étire sa cime jusqu'au ciel et ses racines s'enfoncent très profondément dans la terre.
– **Droite / gauche :** l'arbre a des racines et des branches qui s'écartent en partant du tronc.
– **Devant / derrière :** l'arbre est large et stable. Il n'est ni plié en avant ni penché en arrière.

> Ces différentes dimensions peuvent être abordées séparément au début, tant que les enfants n'ont pas bien saisi le confort qu'elles donnent. En effet, la « posture de l'arbre », lorsqu'elle est adoptée avec aisance et naturel, apporte une sensation de sécurité et de stabilité très confortable. Assez rapidement, on demandera aux enfants de veiller simultanément à ces trois dimensions. Plus tard encore, les enfants les adopteront spontanément.

Commencer avec la première dimension.

– **Haut / bas :**

• Se planter comme l'arbre, bien droit. Expliquer aux enfants que pour que l'arbre tienne, ses racines ont dû se ramifier. Pour devenir aussi fort que l'arbre, il faut écarter les pieds environ à la largeur du bassin. Les pieds sont bien parallèles, c'est-à-dire que leur bord extérieur sera droit (on peut s'aider pour cela du tracé d'un carrelage par exemple). Imaginer que des racines poussent sous ses pieds, qu'elles s'enfoncent très profondément dans la terre, encore plus profondément, de plus en plus profondément :

– Sous nos pieds poussent des racines qui vont s'enfoncer de plus en plus profondément dans la terre. Plus rien ne pourra nous faire bouger.

Les racines s'enfoncent, s'enfoncent, s'enfoncent. Nous voilà plantés, indéracinables !

• Étirer ensuite son dos vers le ciel. Pour s'aider, imaginer que quelqu'un nous tire doucement par les cheveux, juste au sommet de la tête, comme pour nous faire grandir. Pour qu'ils se représentent mieux la chose, inviter les enfants à toucher cet endroit, voire à attraper sur eux-mêmes une touffe de cheveux et à tirer doucement. Relâcher ensuite, tout en gardant la position.

Cet enracinement permet de renforcer la « présence » des enfants : ils prennent conscience d'être là, ici et maintenant, et, en un mot, apprennent à bien garder « les pieds sur terre ». De plus, l'étirement vers le haut apporte immédiatement la sensation d'être plus « grand », c'est-à-dire plus raisonnable, plus détaché de ses émotions.

Mais l'arbre se stabilise également grâce à ses branches, réparties à sa droite et à sa gauche. Ici intervient la seconde dimension.

– Droite / gauche :

• Les branches de l'arbre poussent : bras ballants, lever les mains à l'horizontale (le mouvement mobilise donc seulement le poignet). Tenir la position quelques instants. Relâcher. Les branches poussent un peu plus : bras toujours ballants, lever les avant-bras à l'horizontale (le mouvement part donc du coude). Maintenir la position quelques instants. Relâcher. Les branches continuent de grandir : lever cette fois les bras, au niveau des épaules. Maintenir les bras étendus de chaque côté quelques instants. Relâcher.

Cette position est fatigante. Pour la rendre plus facile, demander aux enfants d'imaginer que sous leurs aisselles est installé un gros ballon et que leurs bras reposent sur ce dernier.

Vérifier que les enfants ont compris cette idée en observant la position de leurs bras : s'ils ont réussi à « installer le ballon », leurs bras seront plus souples, moins tendus, légèrement arrondis et ils pourront garder la position beaucoup plus longtemps.

Cette position donne aux enfants un grand sentiment de stabilité et d'équilibre : ils ont l'impression de « s'élargir » et d'avoir « leur place ».

Il convient enfin d'aborder la troisième dimension

– **Devant / derrière :**

• Insister auprès des enfants pour qu'ils maintiennent leur position : même s'il y a du vent, l'arbre, en effet, ne bouge pas. Pour cela, il ne faut être ni voûté, ni cambré. Montrer ce qu'il ne convient pas de faire en exagérant les mauvaises positions. Avant de trouver le bon équilibre, se balancer très légèrement d'avant en arrière, de plus en plus doucement jusqu'au moment où l'on atteint le point d'équilibre. C'est un peu comme laisser doucement s'immobiliser un pendule ou un fil à plomb.

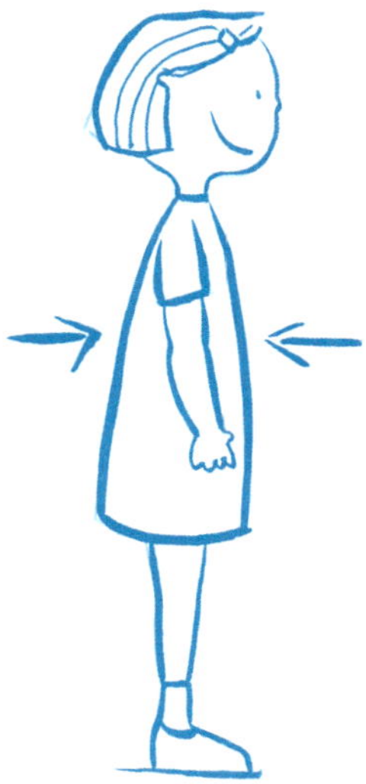

• Pour s'équilibrer, il faut aussi plier très légèrement les genoux et tenir très plat le bas du dos, au niveau des lombaires, en éliminant la cambrure au maximum sans pour autant se courber en avant. Pour cela, l'enseignant posera au besoin sa main sur le bas du dos des enfants et leur demandera de repousser sa main avec le dos.

> Pour les enfants qui n'y arrivent vraiment pas ou pour simplement bien comprendre cette position, on peut la tester en se couchant sur le dos : genoux pliés, pieds bien à plat sur le sol, appuyer sur les pieds et appuyer le bas du dos contre le sol.

Cette position évite de se cambrer. Elle apporte un équilibre à la fois physique et mental et donne aux enfants une sensation de stabilité et de sécurité.

Lorsque ces trois dimensions sont bien acquises, on obtient une grande sensation de sécurité. Comme l'arbre, on se sent indéracinable.

Que fait ma main ?
Écoute des bruits de son corps

Objectif : – développer l'aptitude à être à l'écoute de soi-même, sans se laisser distraire par l'extérieur.

Moment de la pratique : – en début d'après-midi. L'exercice pourra également être repris partiellement lorsque les enfants sont bruyants et que l'on désire capter leur attention.

Organisation : – les enfants sont assis en cercle ou en demi-cercle sur des chaises ou sur des bancs.

Déroulement de la séance

• Commencer par réciter la comptine :

– *Que fait ma main ?*

– *Elle frappe. Pan, pan, pan !*
La main droite frappe le dos de la main gauche.

– *Elle griffe. Grr, grr, grr !*
La main droite griffe le dos de la main gauche.

– *Elle pince. Ouille, ouille, ouille !*
Pincer la peau de la main.

– *Elle chatouille. Guili, guili, guili !*
Chatouiller la paume de la main.

– Elle caresse. Doux, doux, doux !
Caresser doucement la main.

• Reprendre ensuite la comptine, mais en faisant intervenir les deux mains :

– Que font mes mains ?

– Elles frappent. Pan, pan, pan !
Se frapper les joues comme pour mimer une gifle.

– Elles griffent. Grr, grr, grr !
Se griffer les deux joues de haut en bas.

– Elles pincent. Ouille, ouille, ouille !
Se pincer les deux joues.

– Elles chatouillent. Guili, guili, guili !
Se chatouiller sous le menton.

– Elles caressent. Doux, doux, doux !
Se caresser le visage.

À chaque fois, bien écouter le son produit. En écoutant les bruits de son propre corps, l'enfant se recentre sur lui-même et apprend ainsi à ne pas se laisser distraire par l'extérieur.

• Expliquer :

– Nous allons tapoter toute la surface du crâne avec le bout des doigts. Écoutez !

• Faire de même :

– sur toute la surface du front ;

– sur toute la surface des joues, bouche fermée, puis bouche ouverte ;

– sur les joues, avec les doigts à plat ;

– sur les oreilles, avec les doigts à plat ;

– Sur les oreilles, avec les mains en coquille.

• Étendre un bras devant soi, paume tournée vers le sol. Taper le long du bras en partant de l'épaule jusqu'au dos de la main. Retourner la paume vers le ciel. Taper en partant de la paume de la main jusqu'à l'épaule.

Faire de même avec les poings serrés sur la poitrine.

> Ici, certains enfants ont tendance à mettre les mains trop bas, au niveau du ventre. Pour leur faire comprendre le mouvement, les inviter à taper, avec un poing serré, le long de la ligne imaginaire verticale qui partirait de la base du cou et qui descendrait jusqu'au bas du ventre. Faire remarquer que, en haut, « c'est dur, et il y a des os », et que plus bas, « c'est mou » (là où se situent l'estomac et le ventre).

• Reprendre l'exercice en tapant « là où c'est dur ».

• Taper avec les doigts à plat sur toute la surface du ventre.

• Taper ensuite avec les mains à plat sur toute la longueur des cuisses.

Écouter.

• Reprendre avec le bout des doigts sur les cuisses. Écouter. Ça ne fait pas de bruit ! L'enfant est donc amené à « écouter » ses sensations plutôt que le son ; il porte son attention davantage sur lui-même.

• • Variantes

• Lorsqu'il y a trop de bruit dans la classe et qu'on désire capter l'attention des enfants, on peut utiliser la partie « Frapper sur les bras » comme suit : taper dans ses mains, remonter en tapant le long du bras jusqu'au milieu de la poitrine ; de là, changer de main et redescendre en tapant le long de l'autre bras jusqu'à la paume de la main.

• Pour développer la capacité d'attention auditive, on peut jouer « aux devinettes » :

– *Que fait ma main ?*

L'enseignant se cache alors derrière un paravent et frappe sur une partie de son corps. Les enfants essayent de deviner l'endroit qui a été frappé. Ils montrent qu'ils ont trouvé en exécutant le même geste sur eux-mêmes.

Le visage de pâte à modeler
Automassage du visage

Objectifs : – détendre successivement chaque partie du visage ;
– prendre conscience des tensions et de la manière dont celles-ci se manifestent physiquement.

Moment de la pratique : – une fois les positions des doigts bien acquises, cet exercice peut être pratiqué, partiellement, à tout moment de la journée, avant ou après des activités demandant beaucoup de concentration. Il précède de manière bénéfique les activités de chant, car, en détendant les muscles du visage, il permet de libérer la voix. Le travail sur l'oreille favorise les activités d'écoute.

Organisation : – les enfants sont assis sur des chaises, en cercle ou en demi-cercle. Faire enlever les barrettes et les lunettes avant de commencer.

Déroulement de la séance

•• La tête

• Poser les mains à plat sur le sommet du crâne. Les laisser immobiles quelques secondes. Commencer à frotter toute la tête (le dessus, l'arrière et les côtés) avec les mains à plat. Frotter d'abord doucement, puis de plus en plus fort.

La suite de l'exercice est assez surprenante pour les enfants. L'enseignant pratiquera d'abord tout seul ; les enfants l'imiteront dans un second temps.

• Reposer les mains sur le sommet du crâne, les doigts légèrement écartés. Soulever un peu les paumes des mains et ne laisser que le bout des doigts en contact avec la tête. Appuyer fortement avec l'extrémité des doigts, et, sans déplacer ces derniers, imprimer un mouvement d'avant en arrière.

Ce mouvement permettra à la peau de glisser sur le crâne. Si les enfants ont des difficultés à exécuter ce mouvement, leur proposer de frotter d'abord le cuir chevelu avec l'extrémité des doigts. Appuyer ensuite plus fort en laissant les doigts plantés, pour ainsi dire, dans les cheveux, et imprimer le mouvement de va-et-vient sans déplacer les doigts.

• Écarter légèrement les mains et refaire le même travail d'avant en arrière un peu plus bas, sur les côtés de la tête.

• Descendre encore les mains de chaque côté de la tête (la paume se trouvant au niveau des oreilles), et imprimer un mouvement de va-et-vient, de haut en bas, puis d'avant en arrière, toujours avec les bouts des doigts bien fixés sur la peau du crâne.

Ces mouvements produisent une légère sensation de chaleur très agréable et contribuent à calmer les enfants.

●● Le visage

• Poser les paumes des mains sur les yeux. Les laisser immobiles quelques secondes. Soulever ensuite les mains et appuyer les doigts sur le haut du front. De la même manière que précédemment, imprimer un mouvement de va-et-vient, de haut en bas, sans déplacer les doigts.

• Descendre les doigts sur les sourcils, appuyer, et effectuer de minuscules rotations.

• Descendre les doigts doucement sur les yeux, puis en dessous des yeux, jusqu'à sentir l'os des pommettes. Appuyer les extrémités des doigts et effectuer là encore de minuscules rotations.

• Descendre les mains jusqu'au menton, puis écarter légèrement les doigts. Toujours en appuyant avec le bout des doigts, et sans les déplacer, effectuer les mêmes mouvements de rotation.

• Poser les mains sur les yeux, en situant la base de la paume sur le creux de l'orbite. Frotter les yeux avec la base de la paume, puis descendre les mains à plat jusqu'au menton en appuyant très fort.

●● Les oreilles

• Pour mieux entendre, on peut agrandir ses oreilles. Pour cela, pincer le haut de l'oreille et étirer celle-ci vers le haut. Faire de même pour tout le pourtour de l'oreille jusqu'au lobe. Étirer ce dernier vers le bas (sauf les enfants qui portent des boucles d'oreilles).

• Frotter enfin tout le visage vigoureusement avec les mains à plat, en tous sens, puis terminer en lissant l'ensemble du visage : partir du milieu et étirer la peau vers les côtés.

• S'étirer, bâiller.

Les enfants sont maintenant prêts à écouter ; leur attention est focalisée sur l'audition.

Mai

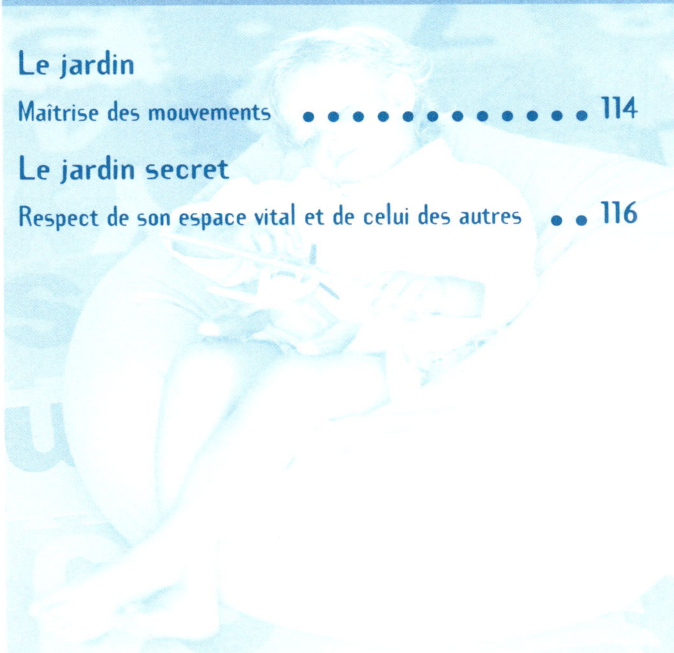

Le jardin

Le jardin secret

Le jardin
Maîtrise des mouvements

Objectifs : – renforcer l'enracinement et la stabilité (mentale et physique) ;
– apprendre à respecter son propre espace et celui de l'autre.

Moment de la pratique : – une fois que l'exercice portant sur l'enracinement (*L'arbre*) est bien acquis. Reprendre ce dernier rapidement puis enchaîner. Une fois bien compris, l'exercice présent peut être rapidement mis en pratique dès que les enfants se bousculent ou se serrent trop les uns contre les autres.

Organisation : – en classe d'abord, dehors ensuite.

Déroulement de la séance

• Expliquer aux enfants:

– Pour mieux protéger notre arbre, nous allons le planter au milieu d'un jardin.

Placer ses bras à l'horizontale, à la hauteur des épaules. Faire en sorte que le bout des doigts des deux mains se rejoignent sur le devant. Veiller à bien respecter les trois dimensions:

– Haut / bas: les pieds sont bien enfoncés dans le sol; la nuque, bien droite, est étirée vers le haut.

– Droite / gauche: les pieds sont écartés à la largeur du bassin. Monter les bras comme si l'on avait un ballon sous chaque aisselle.

– **Devant / derrière:** les bras sont tendus vers l'avant, et un maximum d'espace est ménagé entre la poitrine et les mains. Pousser la région des reins vers l'arrière pour éliminer au maximum toute cambrure.

> Pour bien sentir cet endroit, l'enseignant peut poser sa main sur la région des reins et demander à l'enfant de pousser celle-ci avec son dos. Veiller à ce que le mouvement ne soit pas trop appuyé pour éviter que l'enfant ne tombe en arrière si l'on ôte brusquement la main. Si la position est correcte, l'enracinement est établi et l'enfant ne bougera pas.

Il faudra plusieurs séances avant que les enfants ne maîtrisent ces trois dimensions. Une fois ces dernières bien acquises, on pourra jouer à prendre la pose le plus rapidement possible: les enfants se promènent librement en marchant. Au signal, tous les déplacements s'arrêtent et on entre dans son jardin le plus vite possible. Si l'on est en salle de jeux ou dans la cour, on peut faire courir les enfants. Au signal, on s'immobilise et on prend la pose.

Cet exercice permettra à l'enseignant de vérifier que les enfants ont bien acquis la maîtrise de leurs mouvements.

Le jardin secret
Respect de son espace vital et de celui des autres

Objectifs :
– apprendre à respecter l'autre ;
– respecter l'espace vital d'autrui et ne pas laisser envahir le sien.

Moment de la pratique : – une fois que l'exercice précédent est bien acquis. Le reprendre rapidement et enchaîner.

Organisation : – dehors, en classe ou dans un couloir. La seule condition est que les enfants doivent être debout, avec un espace suffisant entre eux.

Déroulement de la séance

• Expliquer aux enfants:

– Chacun a son jardin. Les mains représentent le portail du jardin. Cela veut dire que personne n'a le droit d'entrer dans le jardin de l'autre sans y être invité.

– On ouvre le jardin: les mains s'ouvrent, puis les bras. Quand on ouvre la porte de son jardin, on peut faire un câlin, un bisou. Si la porte est fermée, il est interdit d'entrer.

– À partir d'aujourd'hui, nous allons faire comme si chacun avait, en permanence, un jardin autour de lui.

• Prendre la posture de l'arbre dans le jardin. Laisser les enfants s'exprimer:

– Là, je suis chez moi, personne n'a le droit d'entrer.

• Ouvrir les bras :

– Là, je permets aux autres de m'approcher.

Jouer plusieurs fois à ouvrir et à fermer les bras. Demander aux enfants de trouver et d'exprimer à chaque fois des raisons différentes à ces mouvements d'ouverture et de fermeture :

– J'ai envie de rester seul. J'ai envie d'être avec les autres. J'ai envie de jouer tranquille. J'ai envie de jouer avec quelqu'un, etc.

• Présenter le cas de « l'intrus » :

– Si quelqu'un entre dans son jardin sans y être invité, ça énerve ! Mais au lieu de se battre avec lui, je propose qu'on le mette dehors en faisant souffler le vent.

Poser les deux mains sur sa poitrine. Les laisser quelques instants pour qu'elles s'imprègnent bien de notre énergie, de notre colère, de notre peine, de l'ensemble de nos émotions. Retourner les mains, paumes vers le ciel, et les projeter vers l'avant en soufflant très fort. Toutes les émotions négatives s'en vont hors du jardin.

• Reprendre la position initiale et expliquer :

– Cette fois, nous allons envoyer notre colère (ou notre tristesse, etc.) et tous ceux que l'on n'aime pas (les indésirables) vers le ciel.

Poser les mains à plat sur sa poitrine. Les laisser quelques instants pour qu'elles s'imprègnent bien de toutes les émotions négatives ; retourner les paumes des mains vers le ciel et, d'un mouvement ample et brusque, lever les bras en soufflant de toutes ses forces pour que tout s'en aille le plus haut possible. Suivre « l'envol » du regard.

• Reprendre la position initiale et expliquer :

– Cette fois, nous allons envoyer tout ce qui nous dérange ou nous agresse au fond de la terre.

Poser les mains à plat sur son ventre. Les laisser quelques instants. Retourner les mains, paumes vers le sol, et, d'un geste brusque, les pousser fortement en direction du sol. Regarder ses colères et ses chagrins s'en aller dans la terre et s'y enfoncer très profondément.

• Après quelques séances, on pourra terminer en demandant aux enfants de « repousser les intrus » là où ils veulent : dehors, en l'air ou dans le sol. Ils seront également libres de prendre leur contrariété là où elle est : dans le ventre, dans la poitrine, dans l'estomac, etc.

> Il peut être intéressant d'encourager les enfants à s'exprimer sur leurs émotions négatives et sur ce qui leur paraît agressif ou envahissant. Même un bisou, s'il est fait sans consentement, peut être ressenti comme une agression.

• • Variante

S'il est possible de faire cet exercice en salle de jeux, on peut en varier le déroulement.

• Se promener dans la salle en marchant et en faisant très attention à ne pas entrer dans le jardin des autres.

• Au signal, s'immobiliser, se mettre dans la position de l'arbre dans le jardin, et, selon l'enfant qui est à proximité, choisir ou non d'ouvrir la porte de son jardin pour se faire un câlin. Si l'un des enfants ouvre et l'autre non, respecter celui dont la porte reste fermée. Repartir en marchant, puis recommencer.

Grâce à cet exercice, les enfants apprennent à délimiter et à respecter leur espace vital et celui des autres.

Après ces exercices, préciser aux enfants que même si la barrière des jardins n'est pas visible, elle existe cependant toujours et partout. Certes, les enfants ne vont pas se promener en permanence, les bras tendus devant eux (!), mais il est important que chacun respecte l'espace vital de l'autre… et le sien.

Juin

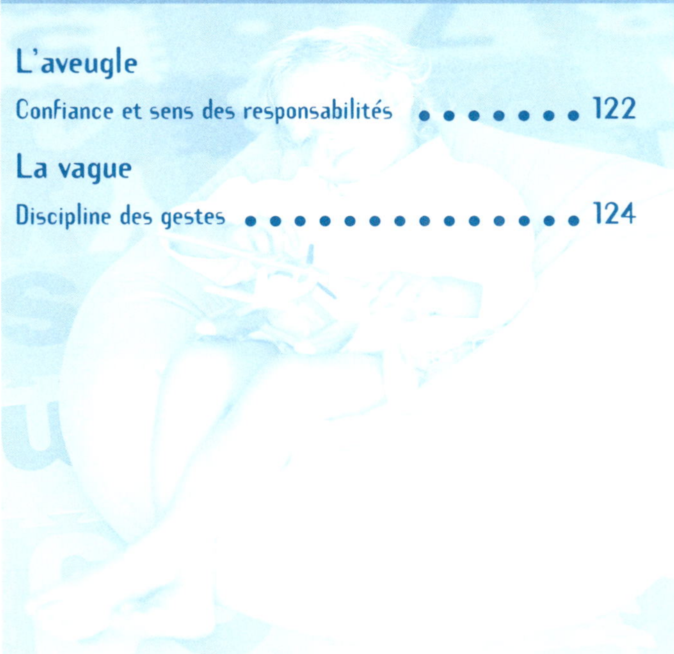

L'aveugle

Confiance et sens des responsabilités

Objectifs : – créer un climat de confiance entre les enfants ;
– travailler sur le sens des responsabilités et sur la confiance.

Moment de la pratique : – à la place d'une séance de danse, d'expression corporelle ou de jeux collectifs.

Organisation : – à pratiquer dans un espace vide, sans obstacles dangereux, soit en salle de jeux ou dans la cour.

Déroulement de la séance

• Placer les enfants en cercle. Leur demander de fermer les yeux, puis de les rouvrir. Interroger les enfants:

– Peut-on se promener les yeux fermés ?

• Laisser s'exprimer les enfants:

– On risque de se cogner, de se faire mal, etc.

• Proposer:

– Nous allons jouer à l'aveugle !

Les enfants se placent deux par deux: l'un fera l'aveugle, l'autre le guide. L'aveugle ferme les yeux et pose sa main sur la main du « voyant ». Attendre quelques secondes que tous les enfants aient adopté une position confortable. Le guide se déplace ensuite dans la pièce en tenant « l'aveugle » par la main et en lui faisant éviter les obstacles.

Prévenir les enfants qu'il faut avancer très lentement, et que tout enfant qui fait heurter un obstacle à celui dont il a la charge sera immédiatement exclu du jeu.

> Lors des premières séances, certains enfants ne peuvent s'empêcher d'ouvrir les yeux. Peu à peu, l'enseignant pourra cependant voir grandir, par l'expression du visage et par la position de la main, un sentiment de confiance impressionnant.

La durée de cet exercice dépend des réactions des enfants. Si l'on voit que plusieurs commencent à ouvrir les yeux, il vaut mieux s'arrêter. Laisser quelques minutes pour faire des commentaires puis inverser les rôles. Le temps consacré à l'exercice s'allongera au fur et à mesure des séances.

• • Variante

Plus tard, cet exercice pourra se faire à trois : un « aveugle » et deux guides. Une difficulté supplémentaire (la coordination des deux guides) sera ainsi créée.

La vague
Discipline des gestes

Objectifs : – trouver un sentiment de sécurité lié au bercement ;
– se socialiser en adaptant son mouvement à celui des autres ;
– créer un sentiment de groupe ;
– assouplir les articulations.

Moment de la pratique : – après avoir abordé un thème sur les bateaux ou la mer.

Organisation : – les enfants sont assis les uns à côté des autres sur des chaises bien serrées ou, mieux, sur des bancs.

Déroulement de la séance

• Commencer par chanter une chanson ou une comptine liée au thème des bateaux, par exemple « Maman les petits bateaux » ou tout autre chanson de votre répertoire. Pendant le chant, rythmer la mélodie par un léger balancement du buste, ce que font d'ailleurs souvent spontanément les enfants.

• Se tenir ensuite par les bras: attraper le bras de son voisin, replier le bras et placer les mains sur ses hanches. Se balancer ainsi sur le temps de la chanson choisie.

• Répéter ensuite le même jeu, mais en se tenant cette fois bras dessus, bras dessous.

Ces exercices obligent les enfants à adapter leur mouvement à celui des autres et créent un fort sentiment de groupe.

• Refaire l'exercice, mais sans contact avec son voisin, ce qui oblige les enfants à adapter leur mouvement à celui des autres par le regard et la sensation. Au lieu de balancer le buste, balancer seulement l'avant-bras. Coude collé au corps, balancer l'avant-bras droit à droite et à gauche, comme l'on marque, en musique, une mesure à deux temps.

Lorsque les enfants ont intégré le mouvement, faire remarquer que les bras se cognent, qu'on se gêne, alors qu'à la mer, les vagues vont toutes dans le même sens. Essayer de bouger le bras dans le même sens et au même moment que son voisin. Répéter avec le bras gauche.

• Balancer seulement la tête. Faire chercher aux enfants les différentes manières de bouger la tête : hocher, opiner, etc. Garder la nuque droite et tourner la tête alternativement à droite et à gauche. Les yeux suivent le mouvement : on regarde son camarade de droite, puis son camarade de gauche, en conformité avec le temps de la comptine.

• Faire de même avec la cheville. Croiser la jambe droite sur la jambe gauche. C'est cette fois la cheville droite qui va suivre la vague.

Inverser ensuite les jambes.

• Reposer les pieds à terre. Expliquer aux enfants qu'il s'agit à présent de faire la vague seulement avec les yeux : regarder alternativement à droite et à gauche en veillant à ne pas bouger la tête.

Au début, ne pas prolonger cet exercice, qui est fatigant pour les enfants. Y consacrer de plus en plus de temps au fil des séances.

Être bercé est toujours relaxant pour les enfants. En passant du bercement de tout le corps à des mouvements plus infimes, l'enfant apprend à mieux maîtriser ces derniers et à éviter le balancement spontanément adopté par nombre d'enfants en situation de stress (lors d'une récitation devant la classe, par exemple).

Dans la même collection

Activités créatives à la maternelle, S. Dorance

Les activités physiques à l'école maternelle, S. Sanchis

Apprendre la numération avec des jeux de cartes, N. Krzywanski

Les arts plastiques à l'école maternelle, M. de la Cruz

De la photographie aux arts plastiques – 64 fiches d'activités, P.-J. Jehel et A. Saey

Comptines et poèmes à dire et à créer (avec CD audio), S. Sanchis, musique de S. Jahier

Le conte et l'apprentissage de la langue, A. Popet et J. Herman-Bredel

Le conte au service de l'apprentissage de la langue, A. Popet et E. Roques

Initiation à l'anglais au cycle 2 (avec CD audio), D. Chauvel, D. Champagne et C. Chauvel

Initiation à l'espagnol et à l'allemand au cycle 2 (avec CD audio), D. Chauvel, D. Champagne et C. Chauvel

Manuel d'apprentissage de l'écriture, D. Berthet

Manuel des tout-petits, C. Bon et D. Chauvel

Manuel de la petite section, A.-M. Casanova et D. Chauvel

Manuel de la moyenne section, D. Chauvel et I. Lagoueyte

Manuel de la grande section, D. Champagne , D. Chauvel et F. Wis-Loirat

Réalisation : AGD – Dreux
Édition : Joëlle Gardette
Corrections : Gérard Tassi
Illustrations : Valérie Bétoulaud
N° d'éditeur : 1257

N° de projet : 10184671 – **Dépôt légal :** mars 2004

Achevé d'imprimer en France en janvier 2012
sur les presses de l'Imprimerie Chirat
N° 201111.0318